산업스파이로부터
영업비밀의 보호

Protection of Trade Secrets Against Economic Espionage

윤종행
Jonghaeng Yoon

도서출판 동방문화사

권두언(Preface)

오늘날 막대한 예산을 투자하여 얻어낸 기업의 혁신적 연구결과물이나 영업비밀이, 종업원의 매수 또는 해킹 등을 통하여 유출됨으로써, 피해 회사뿐만 아니라 국가·사회적으로 심각한 타격을 주고 있다. 세계 각국은 다각적인 법적·기술적 방책을 강구해 왔음에도 불구하고, 첨단 테크널러지를 동원한 영업비밀의 침해사례는 점점 늘어나고 있는 상황이다. 특히 첨단 과학기술 분야기 주도적인 산업이 되고 있는 우리나라는, 산업스파이의 위협에 심각하게 노출되고 있다. 이에 대한 대응책으로서, 종업원들에 대한 교육·훈련, 인적·기술적 보안시스템 구축, 행정적 규제, 그리고 형사절차상 인센티브제도 등이 제시되고 있으나, 아직 허술한 점이 많은 상황이다. 산업스파이 관련 우리나라 판례를 살펴보면, 주로 전·현직 종업원이 연루되는 경우가 많으므로, 현재 자산총액 5천억 이상의 상장회사에게 의무화된, 준법지원인제도의 효과적인 시행이 또한 절실히 요구되고 있다.

본서는 그동안 기업범죄와 산업스파이에 관하여 탐구하여 온 저자의 연구실적을 보완하여 정리한 것이다. 우리나라와 미국 법을 중심으로 하여, 최근의 법령과 판례, 그리고 학설의 동향을 반영하였다. 기업에 종사하는 분들만이 아니라, 영업비밀 관련 법정책 담당자분들, 그리고 법률가분들께 참고자료로서 활용될 수 있길 기대한다. 오랜 세월동안 미국 형사법에 대하여 학문적 조언을 아끼지 않으신 Cornell 대학교 로스쿨의 Stephen P. Garvey 교수님께 특별한 감사의 말씀을 드린다. 그리고 본서의 출간을 위하여 힘써주신 동방문화사 조형근 사장님과 김영옥 편집실장님께 깊은 감사의 말씀을 드린다.

제1장에서는, 영업비밀 침해행위와 관련한 형사법적 쟁점에 대하여 우리나라와 미국에서의 논의상황을 알아보고, 우리나라 대법원판례의 동향을 살펴보았다.

제2장에서는, 최근 미국에서의 산업스파이 실태와 이에 대한 법적 대응방안으로서, EEA와 DTSA를 중심으로 살피고, 우리나라에서의 시사점을 찾아보고자 하였다.

제3장에서는, 산업스파이에 관한 최근 미국의 판례 동향을, 그동안 EEA 제1831조에 근거하여 정식재판에 회부된 3건의 판례를 중심으로 살펴보았다.

제4장에서는, 산업스파이의 세계적 현황과 대응상황을 고찰함으로써, 우리나라에서의 시사점을 얻고자 하였다.

제5장에서는, 특별히 사이버산업스파이의 실태와 이에 대한 대응법제에 관하여 살펴보고, 해킹에 대한 효과적인 대응방안을 탐구하였다.

제6장에서는, 미국의 준법감시인제도에 대한 논의와 시행상황을 살피고, 우리나라 준법지원인제도의 발전 방향을 모색하였다.

2019. 1. 30

윤종행(Jonghaeng Yoon)

목 차

제1장 영업비밀보호에 관한 형사법적 쟁점과 우리나라 판례의 동향

I. 서설 ·· 1
II. 영업비밀보호에 관한 형사법적 쟁점 ··············· 5
   1. 영업비밀 침해의 법적 성격 ························· 6
   2. 영업비밀 보호의 양면성 ······························ 9
III. 영업비밀보호에 관한 최근 대법원판례의 동향 ·········· 12
   1. 부정경쟁방지 및 영업비밀보호에 관한 법률의 적용례 ······ 12
   2. 산업기술의 유출방지 및 보호에 관한 법률의 적용례 ········ 48
   3. 형법상 업무상배임죄의 적용례 ······················ 52
IV. 결 ·· 71

제2장 미국의 산업스파이에 대한 법적 대응

I. 서설 ·· 74
II. 미국에서의 산업스파이의 위협 ························ 75
III. 종래 미국의 산업스파이 관련법제 ··················· 78
   1. 미국의 영업비밀 보호법제 개요 ···················· 78
   2. 경제스파이법(EEA)의 시행 ·························· 80
IV. 미국의 신 영업비밀보호법(DTSA) ·················· 92
   1. 총설 ·· 92

2. DTSA의 사적인 압수 허용 ································· 95
   3. 구제 제도 ··· 99
   4. 적용범위 ·· 100
   5. 적용범위 밖의 행위 ··· 101
   6. 평가 ·· 102

제3장 산업스파이에 관한 최근 미국의 판례 동향

I. 서 ··· 104
II. United States v. Lee ······································· 107
III. United States v. Hanjuan Jin ·························· 108
IV. United States v. Chung ·································· 109
V. 시사점 ·· 111

제4장 산업스파이에 대한 각국의 대응방안 비교

I. 서설 ·· 113
II. 산업스파이를 주도하는 나라들 ························· 114
   1. 중국 ·· 114
   2. 러시아 ·· 116
   3. 프랑스 ·· 116
   4. 인도 ·· 117
   5. 이스라엘 ··· 117
III. 산업스파이에 대한 각국의 대응방안 ················· 118
   1. 법적 대응방안 ··· 118
   2. 법 외적 대응방안 ··· 130

제5장 해커로부터 영업비밀의 보호

I. 서설 ··· 135
II. 디지털시대의 사이버산업스파이와 영업비밀의 취약성 ········ 138
   1. 사이버산업스파이의 의의 ································· 138
   2. 디지털시대와 영업비밀의 취약성 ····················· 140
III. 사이버상 영업비밀 침해행위에 대한 미국의 법적 규율 ····· 144
   1. CFAA법 ··· 144
   2. DMCA법 ··· 146
   3. 사이버산업스파이에 대한 입법적 대응의 한계 ············· 149
IV. 해킹에 의한 영업비밀 침해행위에 대한 기술적 대응방안 ··· 151
   1. 우리나라에서의 해킹에 대한 대응 동향 ····················· 151
   2. 해커의 단계적 분류 ·· 153
   3. 적정한 사이버 보안의 수준 ···································· 154
   4. 사이버산업스파이에 대한 효과적 대응방안 ················· 157
V. 결 ·· 162

제6장 기업범죄 예방을 위한 준법감시인제도

I. 서설 ··· 164
II. 미국에서의 기업범죄에 관한 대응 ································· 167
   1. 총설 ··· 167
   2. 준법감시인제도(Compliance programs) ············· 170
III. 우리나라에서의 기업범죄에 관한 대응 ·························· 181
   1. 서 ·· 181
   2. 내부통제제도와 상법상 준법지원인제도 ···················· 183
   3. 평가 ·· 186
IV. 결 ·· 189

제1장 영업비밀보호에 관한 형사법적 쟁점과 우리나라 판례의 동향

I. 서설

영업비밀(Trade Secrets)을 법으로 보호하기 시작한 것은 고대 로마시대에까지 거슬러 올라간다. 로마법상 노예에게 돈을 제공하거나 협박하여 노예가 섬기는 주인의 영업비밀을 알아낸 경우, 법적 제제를 가하였다고 한다.[1] 영업비밀은 회사 내부 구성원이 쉽게 접근할 수 있고, 회사를 그만두고 퇴사한 전 직원의 기억에 의하여도 부정하게 유출될 수 있으며, USB 등 간단한 수단을 이용하여 신속히 복제가 가능하기 때문에, 보안이 매우 취약한 것이 특징이다. 요즘 미국 기업들의 시장가치의 70% 정도가 지적 재산권 영역으로 추산되고 있는데, 그중 상당부분이 회사의 영업비밀이라는 분석이 있다. 오늘날 회사의 고객정

---

1) A. Arthur Schiller, Trade Secrets and the Roman Law; The Actio Servi Corrupti, 30 Colum. L. Rev. 837, 838-843 (1930). Adam Cohen, Securing Trade Secrets in the Information Age: Upgrading the Economic Espionage Act After United States v. Aleynikov, 30 Yale J. on Reg. 194 (2013).

보, 구글사의 알고리듬, 코카콜라의 포뮬라 등도 영업비밀에 해당한다.2) 전 세계적으로 유명한 코카콜라의 제조비법(Recipe)은 미국 조지아주 아틀란타의 한 비밀저장고(vault)에 있는데, 철제문을 통과하여 여러 개의 코드를 입력하고 손바닥 스캔을 하여야 여기에 접근할 수 있다고 한다. 그 저장고 안에는 또 하나의 비밀 상자와 금속 용기가 있고, 이곳에 있는 제조비법은 오직 두 명의 원로 대표만이 알고 있으며, 이들이 동시에 같은 비행기에 탑승하는 것이 금지되어 있다고 한다.3) 이와 같이 영업비밀을 보호하기 위한 기업들의 노력에도 불구하고, 오늘날 인터넷의 보급으로 인하여 해킹에 의한 영업비밀의 침해 위험이 전 세계적으로 확산되고 있다.4) 영업비밀 침해로 인한 미국의 경제적 손실이 약 3000억 달러에 이르는 것으로 추산되고 있다.5)

　예컨대, 2011년, 매사츄세츠주의 어메리칸 수퍼컨덕터(American Superconductor)라는 풍력발전 회사는, 매출액의 70% 이상을 차지하던 거래처인 사이노벨(Sinovel)이라는 중국 기업

---

2) Derek E. Bambauer & Oliver Day, The Hacker's Aegis, 60 Emory L.J. 1075 (2011).
3) Shreya Desai, Shhh! It's a Secret: A Comparison of the United States Defend Trade Secrets Act and European Union Trade Secrets Directive, 46 Ga. J. Int'l & Comp. L. 482 (2019).
4) Carl Pacini & Raymond Placid, The Importance of State Trade Secret Laws in Deterring Trade Secret Espionage, 7 Buff. Intell. Prop. L.J. 101, 102 (2009).
5) Adam Cohen, Securing Trade Secrets in the Information Age: Upgrading the Economic Espionage Act After United States v. Aleynikov, id, at 192.

으로부터, 영업비밀인 윈드 터빈의 전기 시스템과 소프트웨어를 도난당하였다. 사이노벨 회사가 150억 달러를 제공하여 거래 기업의 종업원을 매수하여 훔치도록 한 경우이다. 결국 이로 인하여 사이노벨이 거래를 중단하게 됨으로써, 어메리컨 수퍼컨덕터 회사의 주가가 80% 이상 떨어지는 등 엄청난 경제적 손실을 보게 되었다고 한다.6) 요즘은 특히 외국 정부나 그 지시를 받는 자들에 의하여 이루어지는 산업스파이(Industrial Espionage)가 증가하고 있다고 한다.7) 그런데 현실적으로 영업비밀의 침해사실이 발각되지 않는 경우가 많고, 기업의 입장에서도 영업상 이유로 영업비밀 침해사실이 공개되는 것을 꺼려하는 경향이라고 한다.8) 실제 피해 규모를 정확히 가늠하기 어렵지만, 우리나라에서도 2009년 이후 산업기술 유출사범이 급격히 증가하고 있고,9) 그 중 해외유출사례가 20% 이상 차지하는데, 그중 반 이상

---

6) Jonathan Weisman, U.S. to Share Cautionary Tale of Trade Secret Theft With Chinese Official, N.Y. Times, Feb. 14, 2012; Adam Cohen, Securing Trade Secrets in the Information Age: Upgrading the Economic Espionage Act After United States v. Aleynikov, id, at 193.
7) Michael Simpson, Future of Innovation: Trade Secrets, Property Rights, and Protectionism-An Age Old Tale, 70 Brook. L. Rev. 1126 (2005).
8) 일정한 기술과 관련된 영업비밀의 침해사실에 대하여 의무적으로 보고하도록 하고, 그와 같은 사실을 당국에 알리는 사람에게는 법적 책임을 면제하여 보호하는 방향으로 미국의 경제스파이법(Economic Espionage Act of 1996: EEA)이 개정되어야 한다는 주장도 제기되고 있다 {David Orozco, Amending the Economic Espionage Act to Require the Disclosure of National Security-related Technology Thefts, 62 Cath. U. L. Rev. 882 (2013).} .
9) 경찰은 2012년에 산업기술 유출사범을 140건 검거하였고, 국정원은 30건

이 중국으로 유출되고 있다고 한다.10)

이와 같은 산업스파이에 입법적으로 대처하기 위하여, 미국에서는 1996년부터 경제스파이법(EEA)을 시행하여, 영업비밀의 국외 유출행위에 대하여 15년까지의 징역이나 벌금 5백만 달러, 또는 이들 모두를 부과할 수 있도록 무겁게 규율해 왔고,11) 2016년부터는 영업비밀의 보호를 한층 더 강화한 새 영업비밀보호법(DTSA)을 시행하고 있다. 그리고 일본은, 1934년에 부정경쟁방지법을 제정한 이래 몇 차례의 개정을 거쳤다. 1990년의 개정으로 영업비밀을 명문으로 보호하여 민사책임을 과하였고, 2003년의 개정으로 형사처벌 규정을 신설하여 영업비밀에 대한 민·형사법적 보호를 강화하여 오고 있다.12) 우리나라에서도 1980년대부터 영업비밀침해 사례가 증가하여, 1991년의 부정경쟁방지법 개정에서 영업비밀보호조항이 삽입되었고,13) 1998년에는 부정경쟁방지법을 "부정경쟁방지 및 영업비밀보호법"으로 개정하면서,

---

을 적발하였으며, 검찰의 통계에 의하면 2011년에 439건 발생하였다고 한다 {이기수, "산업기술 유출 수사사례와 관련 문제점 검토," 비교형사법연구, 제15권 제2호(2013), 585면 참조}.
10) 최병문, "한국의 산업기술유출방지보호법제", 비교형사법연구, 제15권 제2호(2013), 526-534면 참조.
11) 18 U.S.C. §1831. 미국의 산업스파이에 관한 입법과 판례의 흐름에 관하여는, 육소영, "산업스파이에 대한 법적 고찰," 법학연구(충남대), 제19권 제2호(2008), 367-388면 참조.
12) 이동희, "일본의 산업스파이 규제법제에 관한 고찰," 경찰법연구, 제5권 제1호(2007), 214-215면 참조.
13) 김재봉, "영업비밀의 형사법적 보호방안," 형사정책, 제14권 제1호(2002), 182-183면 참조.

영업비밀의 보호를 더욱 강화하였다.14) 또한 유럽을 중심으로 하는 사이버범죄에 대한 유럽협약(Council of Europe's Treaty on Cybercrime)에 미국을 비롯한 46개 나라들이 가입하여, 사이버 산업스파이 등에 대한 대처에서 국제적 협력을 추구하고 있다.15)

이하에서는 영업비밀 침해행위와 관련한 형사법적 쟁점에 대하여 우리나라와 미국에서의 논의상황을 알아보고, 우리나라 대법원판례의 동향을 살펴보고자 한다.

II. 영업비밀보호에 관한 형사법적 쟁점

영업비밀에 대한 형사법적 보호방안에 대하여 다각적인 논의가 이루어져 오고 있다. 영업비밀을 보호하기 위한 첨단보안시스템을 구축하고 엄중한 처벌로 범죄예방효과를 추구하여야 하며, 영업비밀의 탐지·수집행위에 대하여도 처벌범위를 확대하여야 한다는 주장이 있다. 또한 산업기술유출범죄에 대하여는

---

14) 지적재산권침해범죄에 대한 규율을 중국이나 북한과 같이 형법에 편입하기보다는, 독일의 경우와 현행 우리나라 제도와 같이 특별법으로 규율하는 것이 바람직하다는 견해로서, 전지연, "지적 재산권의 형법적 보호문제 연구," 형사법연구, 제21권 제4호(2009), 84-86면 참조.
15) Lauren Eisenberg, Tiffany Ho, Rob Boyd, *Computer Crimes*, 50 Am. Crim. L. Rev. 727 (2013).

기회제공형 함정수사도 허용할 필요가 있다고 주장한다.16) 그리고 해킹에 대한 효과적인 방어프로그램 등을 구축하고,17) 예방의 차원에서 준법감시인제도를 실효성 있게 운영할 것이 요구되고 있다.18) 그밖에도 영업비밀 침해행위와 관련하여, 최근 다음과 같은 논의가 이루어지고 있다.

1. 영업비밀 침해의 법적 성격

기업의 영업비밀을 부정취득(Trade Secrets Theft) 하는 것은, 우선 재산권 침해로서의 성격을 갖는다. 기업이 첨단과학자라든가 컴퓨터프로그래머를 고용하는 등, R&D에 막대한 자금을 투자하여 얻어낸 연구 성과가 하루아침에 털리기도 하고,19) 오랜 세월동안 기업이 일구어낸 독자적인 영업상 기술이라든가 정보가 누설됨으로써, 막대한 경제적 손실을 입기도 한다. 이는 기업의 획기적인 개발과 혁신 등에 대한 투자심리가 위축되게 하는 요인으로서, 결과적으로 사회발전을 저해하게 되므로 공익에 반

---

16) 이기수, "산업기술 유출 수사사례와 관련 문제점 검토," 비교형사법연구, 제15권 제2호(2013), 594-597면 참조.
17) 이경렬, "산업스파이의 신종유형과 형사정책적 대응방안," 형사정책, 제22권 제2호(2010), 86, 96면 참조.
18) 윤종행, "기업범죄 예방을 위한 우리나라와 미국의 준법감시인제도 비교," 법학연구(연세대), 제21권 제3호(2011), 401-404면 참조.
19) David S. Levine, *The People's Trade Secrets*, 18 Mich. Telecomm. Tech. L. Rev. 61, 71 (2011).

한다는 성격도 갖는다. 따라서 오늘날 세계 보편적으로 영업비밀은 특허권이나 상표권과 유사한 성격의[20] 무형의 재산권으로 보호되어야 한다고 인식되고 있다. 다른 한편으로는, 통상 영업비밀의 침해는 기업의 내부구성원의 협력에 의하여 이루어지게 된다는 점에서, 회사와의 고용계약의 위반임과 동시에 신뢰관계에 위배된다는 성격을 갖는다.[21] 현행 부정경쟁방지 및 영업비밀 보호에 관한 법률은 영업비밀 침해행위를 범죄로 규정하여 처벌하고 있다.[22]

---

[20] Rochelle Cooper Drefuss, *Trade Secrets: How Well Should We Be Allowed to Hide Them? The Economic Espionage Act of 1996*, 9 Fordham Intell. Prop. Media & Ent. L.J. 1, 9 (1998); Lemley, *The Surprising Virtues of Treating Trade Secrets as IP Rights*, 61 Stan. L. Rev. 313 (2008).

[21] 윤종행, "영업비밀보호에 관한 형사법적 쟁점과 최근판례의 동향," 법학논집(이화여대), 제19권 제1호(2014), 113면.

[22] 현행 부정경쟁방지 및 영업비밀 보호에 관한 법률 제2조에 의하면, "영업비밀 침해행위"란 다음 각 목의 어느 하나에 해당하는 행위를 말한다. 가. 절취, 기망, 협박, 그 밖의 부정한 수단으로 영업비밀을 취득하는 행위 또는 그 취득한 영업비밀을 사용하거나 공개(비밀을 유지하면서 특정인에게 알리는 것을 포함한다.)하는 행위. 나. 영업비밀에 대하여 부정취득행위가 개입된 사실을 알거나 중대한 과실로 알지 못하고 그 영업비밀을 취득하는 행위 또는 그 취득한 영업비밀을 사용하거나 공개하는 행위. 다. 영업비밀을 취득한 후에 그 영업비밀에 대하여 부정취득행위가 개입된 사실을 알거나 중대한 과실로 알지 못하고 그 영업비밀을 사용하거나 공개하는 행위. 라. 계약관계 등에 따라 영업비밀을 비밀로서 유지하여야 할 의무가 있는 자가 부정한 이익을 얻거나 그 영업비밀의 보유자에게 손해를 입힐 목적으로 그 영업비밀을 사용하거나 공개하는 행위. 마. 영업비밀이 라목에 따라 공개된 사실 또는 그러한 공개행위가 개입된 사실을 알거나 중대한 과실로 알지 못하고 그 영업비밀을 취득하는 행위 또는 그 취득한 영업비밀을 사용하거나 공개하는 행위. 바. 영업비밀을 취득한 후에 그 영업비밀이 라목에 따라 공개된 사실 또는

그런데 영업비밀을 누설하는 것이 사회일반의 공익에 기여하는 경우도 있을 수 있다. 예컨대 위험하고 신뢰할 수 없는 제품을 생산하는 기업, 국민의 건강과 환경에 위협이 되는 기업활동, 또는 개인의 프라이버시를 침해하는 성격의 영업에 대한 정보는, 오히려 이를 누설하는 것이 공익에 기여하는 것이 될 수 있다.[23] 이와 같은 경우는, 형법상 사회상규에 반하지 않는 행위로서 일정한 요건 하에서 형법 제10조에 의하여 정당화되든가, 긴급피난 내지는 정당행위로서 허용된다고 볼 수 있을 것이다. 또는 개인적 사정으로 불가피하게 누설한 경우에는 기대불가능성으로 인하여 면책되거나, 정당한 사유가 있는 금지착오에 해당될 수도 있을 것이다. 따라서 반사회적 유해 기업의 정보를 통상의 영업비밀로서 보호한다면, 그만큼 개인과 사회에 대한 피해를 방임 내지 조장하는 결과가 될 것이므로, 국민의 안전과 건강, 환경, 프라이버시 등을 침해하거나 불법적인 영업활동을 하는 기업의 영업비밀은 보호되지 않는 것으로, 법에 명문화하는 것이 바람직할 것이다.[24]

그러한 공개행위가 개입된 사실을 알거나 중대한 과실로 알지 못하고 그 영업비밀을 사용하거나 공개하는 행위.
23) Mary Lydon, *Secrecy and Access in an Innovation Intensive Economy: Reordering Information Privileges in Environmental, Health, and Safety Law*, 78 U. Colo. L. Rev. 465 (2007).
24) 윤종행, "영업비밀보호에 관한 형사법적 쟁점과 최근판례의 동향," 앞의 글, 114면.

2. 영업비밀 보호의 양면성

이상에서 본 바와 같이, 영업비밀 침해행위는 재산권침해의 성격과 고용계약의 위반임과 동시에 신뢰관계에 위배된다는 성격을 갖는 것으로서, 범죄로 규정하여 처벌하는 것이 공익에 기여한다는 것이 일반적인 시각이지만, 다른 한편으로는 지나친 영업비밀의 보호가 사회발전을 저해하는 부정적인 측면이 있다는 지적이 있다.

영업비밀의 법적 성격을 특허권이나 상표권과 비교하여 볼 수 있는데, 우선 특허권이나 상표권은 출원자의 발견사실을 등록한 다음 대중에게 공개하는 것이지만, 영업비밀은 이를 보유하는 기업이 비밀성을 유지하기 위하여 합리적인 노력을 하여야 법적 보호를 받게 된다는 점에서 차이가 있다.[25] 그리고 특허권이나 저작권과는 달리, 영업비밀은 고객정보라든가 상품배달경로와 같은 일상적인 것도 보호대상이 된다.[26] 또한 특허권이나 저작권은 보호기간이 설정되어 있어 일정기간이 지나면 일반 대중이 제한 없이 사용하게 되는 것이지만,[27] 영업비밀은 이러한

---

25) William M. Landes & Richard A. Posner, The Economic Structure of Intellectual Property Law 357 (2003)
26) Michael Simpson, *Future of Innovation: Trade Secrets, Property Rights, and Protectionism-An Age Old Tale, id,* at 1123.
27) 특허권(Patents)의 보호기간이 저작권(Copy Rights)의 보호 기간보다 상대적으로 짧다.

제한 없이 영구적으로 보호된다는 면에서 구별된다.28) 이러한 점에서, 폭넓게 보호되는29) 기업의 혁신적 개발 등의 영업비밀을 사회일반으로부터 차단함으로써, 당장은 사회발전에 제동을 거는 측면이 있다는 지적이다.30) 잘못된 형사소추 등을 통하여 정보의 보호와 정보의 확산 간의 균형을 깨뜨릴 수 있는 위험성도 지적되고 있다.31) 또한 영업비밀의 침해로 인한 민·형사책임에 대한 두려움으로 인하여, 근로자의 직장 이동과 기업의 경력직 근로자 채용을 꺼리게 될 수 있고,32) 직장을 옮기고 싶어 하

---

28) Adam Cohen, *Securing Trade Secrets in the Information Age: Upgrading the Economic Espionage Act After United States v. Aleynikov, id,* at 199.
29) 미국의 경제스파이법(EEA)은 "All forms and types of financial, business, scientific, technical, economic, or engineering information, including patterns, plans, compilations, program devices, formulas, designs, propotypes, methods, techniques, processes, procedures, programs, or codes"등을 폭넓게 보호하고 있다. 18 U.S.C. §1839(3) (2006).
30) 이러한 점에서 다른회사의 상품을 분해하여 그 생산방식을 알아낸 뒤 복제하는 이른바 리버스 엔지니어링(Reverse Engineering)은 일반적으로 영업비밀 침해가 아니라고 보고 있다(Adam Cohen, *Securing Trade Secrets in the Information Age: Upgrading the Economic Espionage Act After United States v. Aleynikov, id,* at 226, 227.). 그러나 리버스 엔지니어링으로 취득한 정보를 웹사이트에 게시한다든가 다른 회사들에게 알려주는 행위는 허용되지 않는다고 이해되고 있다 {Aaron Perahia, Sharon Dwoskin, Lauren Goldman, *Intellectual property Crimes*, 50 Am. Crim. L. Rev. 1207 (2013).} .
31) Sharon K. Sandeen, *Out of Thin Air: Trade Secrets, Cybersecurity, and the Wrongful Aquisition Tort,* 19 Minn. J.L. Sci. & Tech. 403 (2018).
32) Adam Cohen, *Securing Trade Secrets in the Information Age: Upgrading the Economic Espionage Act After United States v. Aleynikov, id,* at 228-231; David S. Levine & Christopher B. Seaman, *The DTSA at One: An Empirical Study of the First Year of Litigation under the Defend Trade*

는 근로자는, 자신이 알고 있는 기술이나 정보가 어느 정도 범위에서 공개될 수 있는 것이고, 새로운 직장에서 활용할 수 있는 것인지, 시간과 비용을 들여 조사하고 자문해야 하는 상황이라는 것이다. 예컨대, 회사의 디지털 정보에 업무적으로 접근할 수 있는 종업원이, 회사의 컴퓨터 정보를 업무 외 목적으로 자신의 하드드라이버에 저장하여 두었다가, 나중에 회사를 그만두고 다른 경쟁회사에 취업한 다음, 종전회사에서 부정하게 취득하여 보관하여 온 종전회사의 영업비밀을 현재의 회사경영에 활용하게 되는 경우, 영업비밀침해에 해당하는지 판단이 쉽지 않을 수 있다.[33]

그럼에도 불구하고, 오늘날의 자유시장 경제제도 하에서 영업비밀을 보호하지 않는다면 장기적으로 기업이 혁신과 연구개발에 힘쓰지 않게 됨으로써, 결과적으로는 사회전체의 발전과 공익에 반하게 될 것이라는 인식이 보편화 되었다. 다만 어느 정도의 범위에서 영업비밀을 보호하고 형사처벌의 대상으로 할 것인가는, 지속적으로 논의되어야 할 과제이다.[34]

Secrets Act, 53 Wake Forest L. Rev. 156 (2018).
33) 윤종행, "영업비밀보호에 관한 형사법적 쟁점과 최근판례의 동향," 앞의 글, 114면.
34) 윤종행, "영업비밀보호에 관한 형사법적 쟁점과 최근판례의 동향," 위의 글, 115면.

III. 영업비밀보호에 관한 최근 대법원판례의 동향

우리나라에서 영업비밀 침해행위는, 영업비밀의 성격, 부정취득자의 신분이나 행위태양 등에 따라, 형법상 절도죄, 업무상비밀누설죄, 비밀침해죄 등으로 처벌될 수 있다.35) 우리나라 대법원 판례를 살펴보면, 대개는 부정경쟁방지 및 영업비밀보호법 위반이나 형법상 업무상배임죄를 적용하여 처벌하고, 간혹 산업기술의 유출방지 및 보호에 관한 법률 위반으로 규율하기도 한다.36) 이하에서는 영업비밀 침해행위에 관한 대법원 판례를 살펴봄으로써, 이에 대한 형사법적 규율의 실태를 파악하고자 한다.

1. 부정경쟁방지 및 영업비밀보호에 관한 법률의 적용례

(1) 영업비밀 해당성

현행 부정경쟁방지 및 영업비밀보호에 관한 법률 제2조는, "영업비밀"이란, "공공연히 알려져 있지 아니하고 독립된 경제

---

35) 한상훈, "영업비밀침해에 대한 형사처벌의 가능성과 개선방안," 법학논총(국민대), 제14권(2002), 240-251면; 최호진, "기업의 영업비밀에 대한 형사법적 보호-부정경쟁방지및영업비밀보호법을 중심으로-", 형사법연구, 제25호(2006년 여름), 379-402면 참조.
36) 윤종행, "영업비밀보호에 관한 형사법적 쟁점과 최근판례의 동향," 앞의 글, 116면.

적 가치를 가지는 것으로서, 합리적인 노력에 의하여 비밀로 유지된 생산방법, 판매방법, 그 밖에 영업활동에 유용한 기술상 또는 경영상의 정보를 말한다."고 정의하고 있다.

1) 대법원 2017. 1. 25. 선고 2016도10389 판결

대법원은, 부정경쟁방지 및 영업비밀보호에 관한 법률 제2조상 "공연히 알려져 있지 아니하다"는 것은, "그 정보가 간행물 등의 매체에 실리는 등 불특정 다수인에게 알려져 있지 않기 때문에, 보유자를 통하지 아니하고는 그 정보를 통상 입수할 수 없는 것"으로 보고 있다.[37] 그리고 "독립된 경제적 가치를 가진다"는 것은, "그 정보의 보유자가 그 정보의 사용을 통해 경쟁자에 대하여 경쟁상의 이익을 얻을 수 있거나, 또는 그 정보의 취득이나 개발을 위해 상당한 비용이나 노력이 필요하다는 것"으로 이해한다.[38] 또한 "합리적인 노력에 의하여 비밀로 유지된다"는 것은, "그 정보가 비밀이라고 인식될 수 있는 표시를 하거나 고지를 하고, 그 정보에 접근할 수 있는 대상자나 접근 방법을 제한하거나 그 정보에 접근한 자에게 비밀준수의무를 부과하는 등, 객관적으로 그 정보가 비밀로 유지·관리되고 있다는 사실

---

37) 대법원 2011. 8. 25. 선고 2011도139 판결; 대법원 2004. 9. 23. 선고 2002다60610 판결 등 참조.
38) 대법원 2011. 8. 25. 선고 2011도139 판결; 대법원 2009. 4. 9. 선고 2006도9022 판결 등 참조.

이 인식 가능한 상태인 것"으로 해석하고 있다.39)

본 사안에서 대법원은, 캔 페트 압축기의 도면 등 이 사건 자료는, 공연히 알려져 있지 않고 독립된 경제적 가치를 가지는 것으로서 상당한 노력에 의하여 비밀로 유지된 정보이므로, 영업비밀에 해당한다고 판시하였다.

2) 대법원 2017. 6. 19. 선고 2017도4240 판결

대법원은 본 사안에서, 공사업체들의 매출처별세금계산서합계표상 과세정보와 공사실적 내역의 내용, 이 사건 정보 제출의 법령상 근거와 정보 제출 목적, 정보 생성·취득을 위한 비용이나 노력의 정도, 정보의 사용으로 얻는 영업활동에 유용한 경쟁상 이익 여부, 정보의 사용처와 사용결과, 정보에 대한 피해회사들의 유지·관리 여부, 그리고 피해회사들의 사용처 등을 종합하면, 이 사건 정보는 영업비밀로서 구비하여야 하는 독립된 경제적 가치와 비밀관리성 요건을 충족하였다고 보기 어려우므로, 영업비밀에 해당한다고 보기 어렵다고 판단하였다.

3) 대법원 2014. 8. 20. 선고 2012도12828 판결

본 사안에서 대법원은, 문제의 ○○○○○○ 설계에 적용된 이

---

44) 대법원 2008. 7. 10. 선고 2008도3435 판결; 대법원 2011. 8. 25. 선고 2011도139 판결; 대법원 2012. 6. 28. 선고 2012도3317 판결 등 참조.

사건 각 소스프로그램은, 피해자 회사가 OO사로부터 사용허락을 받은 피씨아이 코어 소스프로그램을 피씨용 디브이알 보드라는 이용목적에 맞도록 개작하고, 여기에 스스로 제작한 디브이알 기능 영역의 소스프로그램을 유기적으로 결합시킨 것으로서, 그 세부적인 내용이 불특정 다수인에게 알려져 있지 않은 정보에 해당한다고 판단하였다. 또한 해당 프로그램을 사용할 경우, 이를 사용하여 개작한 프로그램의 원시코드를 공중에 공개할 의무가 부과되는 소위 일반공중허가(General Public License) 조건이 부가된 프로그램이, 각 소스프로그램 중에 사용되었다고 하더라도, 피해자 회사가 이를 임의로 공개하지 아니하는 이상, 이 사건 각 소스프로그램이 공지의 상태에 있게 되는 것은 아니라고 보았다. 그리고 피해 회사가 오랜 기간 동안 많은 비용을 들여 개발한 이 사건 각 소스프로그램은, 피해 회사가 판매하는 디브이알 보드에서 중요한 기술적 요소이므로 독립된 경제적 가치를 가진다고 보았다. 나아가 피고인이 2차례에 걸쳐 피해 회사에 비밀유지서약서를 작성·제출하였고, 피해 회사는 회사에 대한 출입 통제 등의 물리적 보안과 씨씨티브이를 통한 영업비밀 유출행위 감시, 연구·개발 사항에 대한 접근 대상자의 통제, 그리고 회사 내 컴퓨터에 대한 해킹이나 자료유출 방지를 위한 백신프로그램 설치 등의 조치를 취하였으므로, 상당한 노력에 의하여 이 사건 각 소스프로그램을 비밀로 유지하여 왔다고 판단하였다.

요컨대 대법원은, 이 사건 각 소스프로그램이 피해 회사의 영업비밀에 해당하므로, 피고인이 공소외 2 회사를 위하여 ○○○○○○ 설계 소스프로그램을 작성함에 있어 이를 사용한 것은, 피해 회사의 영업비밀을 침해한 것이라고 보았다.

4) 대법원 2012. 6. 28. 선고 2012도3317 판결

본 사안에서 대법원은, 피해 회사의 규모나 종업원 수, 이 사건 정보들의 성격과 중요성 등 피해 회사가 처한 구체적인 상황 아래서, 피해 회사는 특허등록된 유산균 이중코팅기술과는 별개의 것으로서 특정·구별되는 이 사건 정보들에 대하여, 비밀이라고 인식될 수 있는 표시를 하거나 고지를 하고, 그 정보에 접근할 수 있는 대상자나 접근 방법을 제한하고, 그 정보에 접근한 자에게 비밀준수의무를 부과하는 등, 피해 회사 나름의 합리적인 노력을 기울임으로써, 객관적으로 그 정보들이 비밀로 유지·관리되고 있다는 사실이 인식 가능한 상태에 있게 되었음을 알 수 있으므로, 이 사건 정보들은 피해 회사의 상당한 노력에 의하여 비밀로 유지된, 구 부정경쟁방지법 제2조 제2호 소정의 영업비밀에 해당한다고 보았다. 대법원의 판단은 다음과 같은 사항을 기초로 하고 있다.[40]

---

40) 윤종행, "영업비밀보호에 관한 형사법적 쟁점과 최근판례의 동향," 앞의

① 피고인은 1999. 3.경 유산균 제조업체인 피해 회사에 입사하여, 이사 겸 공장장 등으로 근무하면서 유산균 시험분석 및 제품 생산업무 등을 총괄하던 중, 2007. 11. 30.경 퇴사한 직후, 공소외 2 주식회사를 설립하여 대표이사로 재직하고 있다. ② 피해 회사는 자본금 47억 원, 직원 67명 규모의 국내 1위 유산균 제조·수출업체로서, 1995. 2.경 설립된 후 국가 알앤디(R&D) 자금 80억 원을 포함한 총 100억 원가량의 연구개발자금을 투입하여, 세계 최초로 유산균 이중코팅기술을 상용화하는 데 성공하여, 2009년 기준 연간 약 158억 원 상당의 유산균 원말 및 유산균 제품을 생산하여 다국적기업인 암웨이 주식회사나 유럽 등지에 수출하고 있고, 국내 유산균 시장의 약 70%를 점유하고 있다. ③ 유산균 이중코팅기술은, 유산균이 안정적으로 장에 도달하고 상온에서도 보관이 용이하도록 단백질과 다당류로 2차에 걸쳐 코팅하는 방법으로서, 2001. 4. 19. 피해 회사가 이를 국내 특허등록한 후 일본과 유럽에서도 특허등록을 받았다. 그러나 피해 회사는 '이 사건 정보들', 즉 실험연구를 통하여 얻은 유산균별 코팅물질이나 배지의 배합비 등 기술적 요소와, 설비의 최적화 등 설비적 요소 및 거래처별 이중코팅 유산균의 완제품 제제방법 등, 영업적 요소에 관한 구체적인 수치나 내용과 같은 이중코팅의 최적화 조건에 관한 정보를, 특허출원 내용에 포함

글, 117면.

시키지 않았다. ④ 피고인이 피해 회사를 퇴직할 때, 피해 회사에 '재직 중 취득한 피해자 회사의 유산균주에 대한 정보의 무단사용, 재직 중 취득한 회사 및 업무에 관한 제반 정보를 제3자에게 누설하거나 활용을 돕는 행위, 재직 중 취득한 피해자 회사의 사업 내용에 대한 누설, 피해자 회사가 영위하는 사업과 유사한 유산균 관련 사업체에 입사하거나 관련 사업체를 영위하는 행위, 재직 중 습득한 유산균을 활용한 각종 제품 개발 및 이를 상업화하는 행위'를 하지 않을 것이며, 그러한 행위를 할 경우 민·형사상 책임을 진다는 내용의, 영업비밀보호서약서를 작성해 주었다. ⑤ 피해 회사는, 팀장들을 통하여 비정기적이지만 직원들에게 피해 회사의 유산균 제품 생산 및 영업에 관한 정보가 외부로 유출되지 않도록 보안교육을 실시해 왔고, 이메일을 통하여 피해자 회사의 정보가 누출되거나 개인적인 용도로 활용하는 사항이 발각될 경우에 그에 따른 징계조치를 시행할 예정임을 공지하기도 하였다. ⑥ 피해 회사는, 비밀문서의 경우 그 사실을 '대외비' 등으로 표시하였고, 외부로 유출되어서는 안 되는 자료들을 분류하여 잠금장치가 된 문서보관함에 보관하였으며, 2004년경 전산망에 방화벽을 설치하여 외부의 전산공격을 방어함은 물론, 내부 정보들이 외부로 유출되는 것을 방지하도록 조치하는 등, 문서의 발송, 배부, 보관에 있어서 관리체계를 구축하였던 것으로 보이고, 거래처에 기술이 유출되지 않도록 담당직원들을 관리하였다. ⑦ 피해 회사는, 그 규모, 연혁, 산업적 특성에 비추어 체계적, 조직적 관리보다는, 인적 유대와 신뢰에 기초하여 영업비밀을 관리해 온 것으로 보인다. ⑧ 피해 회사로서는, 독특한 유산균 제조기술(다당류로 이중코팅하여 안정성 있는 고농도의 유산균을 대량 생산하는 기술)이 가장 중요한 자산이므로, 그에 관한 사항이 외부로 유출되어서는 안 된다는 사실은 임직원 누구나 알 수 있었던 것으로 보이는데, 피고인은 피해 회사의 비밀을 관리하는 지위에 있었던 자이므로, 피해 회사가 비밀로 관리하는 정보가 있다는 사실을 누구보다도 잘 알면서 그러한 정보에 용이하게 접근할 수 있었을 것으로 보인다. ⑨ 이 사건 정보들은 유산균 제조기술과 영업에 관한 것으로서, 위와 같이 보안교육의 대상이 되는 정보이거나 외부로 유출되어서는 안 된다는 것을 임직원 누구나 알 수 있었던 정보였고, 피해 회사도 이를 대외비로 분류하거나 잠금장치가 된 문서보관함에 보관하는 등, 외부로 유출되어서는 안 되는 정보로 취급한 것으로 보인다.

요컨대 본 판례는, 유산균 제조회사에서 이사 겸 공장장으로 근무하던 중 지득한 문제의 정보들은, 유산균 제조기술과 영업에 관한 것으로서 상당한 노력에 의한 비밀관리성이 인정된다고 보아, 영업비밀 해당성을 긍정한 사례이다.[41]

---

[41] 윤종행, "영업비밀보호에 관한 형사법적 쟁점과 최근판례의 동향," 앞의 글, 118면.

5) 대법원 2012. 6. 28. 선고 2011도3657 판결

회사 직원이 무단으로 자료를 반출한 자료가 영업비밀에 해당하는지가 문제된 사안이다. 대법원은, ① 피해 회사는 제조공정 도면, 설계도면 등에 대하여는 관리담당자의 임명, 열람·대출의 제한 및 절차 등에 관한 엄격한 관리규정에 따라 관리했지만, 도면 이외의 문서에 대하여는 일반적인 문서관리규정만을 두어 관리하였는데, 위 문서관리규정에는 비밀문서의 경우 비밀표시를 하도록 하고 있음에도, 문제의 '개발진행 보고서'와 'PTG PILOT TEST 결과'에는 비밀표시가 되어 있지 아니하였던 점, ② 이 사건 각 보고서는, 피해 회사의 연구개발팀 및 기술개발팀 사무실 내의 잠금장치가 없는 유리책장이나 책꽂이에 보관되어 있었는데, 위 각 사무실에는 출입자를 제한하지 아니하여, 다른 직원들과 화공약품이나 시험기구 상인들과 같은 외부인들까지 자유롭게 출입할 수 있었던 점 등을 고려할 때, 이 사건 각 보고서는 상당한 노력에 의하여 비밀로 유지되었다고 보기 어려우므로, 영업비밀에 해당한다고 할 수 없다고 판단하였다.

본 판례는, 피해 회사의 연구개발팀 및 기술개발팀 사무실 내의 잠금장치가 없는 유리책장이나 책꽂이에 보관되어 있었던 문제의 '개발진행 보고서'와 'PTG PILOT TEST 결과'등의 자료들에 대하여, 상당한 노력에 의한 비밀관리성을 부정함으로써 영업비밀 해당성을 인정하지 않은 사례이다.[42]

6) 대법원 2011. 8. 25. 선고 2011도139 판결

본 사안은, 피고인이 2009. 5.경 공소외 1로부터 피해 회사의 펌프 제품 제조와 관련된 기술 자료가 담겨 있는 문제의 파일들이 저장된 USB 메모리를 교부받아, 피고인의 노트북 컴퓨터에 이전하는 방법으로 피해 회사의 영업비밀을 취득함으로써, 구 부정경쟁방지 및 영업비밀보호에 관한 법률 위반에 해당되는지가 문제된 경우이다. 대법원은 여기서 문제의 파일들 중 일부는 반도체 제조장비에 필수적으로 장착되는 펌프 제조 소스파일, 도면파일 등에 관한 자료로서 경제적 유용성이 있고, 피해 회사의 일부 직원 이외에 외부에 공개된 정보가 아니며, 피해 회사는 객관적으로 그 정보를 비밀로 유지·관리하고 있다고 판단하여, 피해 회사의 영업비밀에 해당한다고 보았다.

본 판례는, 피해 회사의 펌프 제품 제조와 관련된 기술 자료가 담겨 있는 문제의 파일들에 대하여, 상당한 노력에 의한 비밀관리성을 인정함으로써 영업비밀 해당성을 인정한 사례이다.[43]

7) 대법원 2011. 7. 28. 선고 2010도9652 판결

본 사안은, 피고인이 피해 주식회사에서 재직 중 취득한 영

---

42) 윤종행, "영업비밀보호에 관한 형사법적 쟁점과 최근판례의 동향," 위의 글, 119면.
43) 윤종행, "영업비밀보호에 관한 형사법적 쟁점과 최근판례의 동향," 위의 글, 119면.

업비밀에 해당하는 회사의 경영상 정보가 포함된 내부 문서인 파일들을 유출한 경우이다. 대법원은, ① 문제의 파일들은 피해 주식회사 엘지화학의 중장기 전략보고, 사업계획 달성방안, 신규사업 추진보고, 신제품 개발계획, 해외사업 진출전략, 비용 및 영업이익 등에 관한 경영상의 정보가 포함된 내부 문서들로서, 업무담당자 등 보유자를 통하지 아니하고는 통상 입수할 수 없고, 엘지화학이 당해 연도 경영실적과 투자계획에 관한 구체적인 실행방안, 신사업확장, 해외기술협력, 신제품개발 투자, 대리점 매출 활성을 위한 금액할인 기준 등을 파악·수립하기 위하여, 상당한 시간, 노력 및 비용을 들여 작성한 것이거나, 그 사용을 통하여 경쟁업체에 대하여 경쟁상의 이익을 얻을 수 있는 것들이고, ② 엘지화학은 이 사건 파일들 중 일부 파일에는 비밀문서 표시를 해 두었고, 정보보호규정과 외부발송메일관리요령이라는 지침을 마련하여 직원들에게 비밀준수의무를 부과하는 한편, 피고인을 비롯한 직원들에게 정보보호동의서를 받아 두는 등, 이 사건 파일들에 대하여 객관적으로 그 정보를 비밀로 유지·관리하고 있었다고 할 것이므로, 이 사건 파일들은 엘지화학의 영업비밀에 해당한다고 보았다.

본 판례는, 피해 주식회사 엘지화학의 중장기 전략보고, 사업계획 달성방안, 신규사업 추진보고, 신제품 개발계획, 해외사업 진출전략, 비용 및 영업이익 등에 관한 경영상의 정보가 포함된 내부 문서들에 대하여, 상당한 노력에 의한 비밀관리성을 인정함으로써 영업비밀 해당성을 인정한 점이 핵심이다.[44]

8) 대법원 2011. 7. 14. 선고 2009다12528 판결

본 사안은, 제휴업체들이 개발한 모바일 콘텐츠, 모바일 게임 등을 해외로 판매하는 사업을 영위하는 피해 주식회사의 해외영업팀장이, 피해 회사에서 퇴직한 후 피해 회사와 전략적 제휴관계에 있는 모바일 게임 개발업체인 다른 주식회사에 입사하면서, 담당업무에 사용할 목적으로 피해 회사 재직 중 사용하던 업무용 컴퓨터에 저장된 문서들을 복사하여 가져다가, 그 다른 회사가 지급한 노트북 컴퓨터에 저장·보관한 경우이다. 대법원은 이 경우, 문서들 중 일부가 경제적 유용성과 비밀관리성이 인정되므로 피해 회사의 영업비밀에 해당한다고 보았는데, 다음과 같은 사항을 근거로 제시하고 있다.

① 피고인이, 2001. 8. 31.부터 2004. 8. 21.까지 국내 업체들과 제휴하여 위 업체들이 개발한 모바일 콘텐츠, 모바일 게임 등을 해외에 판매하는 사업을 영위하는 피해 회사에서, 시장조사, 수출 계약진행 및 계약서 작성 등의 업무를 처리하는 해외영업팀장으로 근무한 점, ② 피해 회사는, 2004. 6.경 모바일 게

---

[44] 윤종행, "영업비밀보호에 관한 형사법적 쟁점과 최근판례의 동향," 위의 글, 120면.

임 개발업체인 다른 주식회사 넥슨모바일과 그 회사의 모바일 게임을 피해 회사가 유럽시장에 판매하고, 그 회사는 피해 회사가 추천한 업체와의 업무진행을 피해 회사를 경유하여서만 하여야 한다는 내용의, 전략적 사업제휴계약을 체결한 점, ③ 피고인은, 피해 회사에서 퇴직한 다음날인 2004. 8. 22. 피해 회사 사무실에서, 그 다른 회사에 입사 후 그 담당업무에 사용할 목적으로, 자신이 피해 회사 재직 중 사용하던 업무용 컴퓨터에 저장된 문서 중 이 사건 문제의 각 문서를 복사하여 가져간 점, ④ 피고인은 같은 달 25일 그 다른 회사에 해외사업실장으로 입사하여, 그 다른 회사로부터 지급받은 노트북 컴퓨터에 위 각 문서를 복사하여 보관한 점 등을 인정하였다.

이러한 사실관계를 토대로 하여 대법원은, ① 이 사건 각 문서 중 피해 회사가 고객들에게 소개하기 위해 작성한 '모바일 게임 사업제안서'에는, 해외 영업망 구축에 관하여 우위를 점할 수 있는 정보가 포함되어 있고, 그 정보의 취득을 위해 상당한 정도의 노동력과 비용이 투입될 것으로 보이며, 문서 하단에 비밀표시가 되어 있고, 피고인이 피해 회사의 주요 업무를 담당하면서 위 문서를 작성·보관하고 있었던 점을 고려하면, 비밀관리성도 인정되므로 피해 회사의 영업비밀에 해당하고, ② 이 사건 각 문서 중, 피해 회사가 모바일 콘텐츠 판매대행계약을 체결한 엠크레스(Mcres)사의 게임 비즈니스 모델을 수출하는 과정에서 작성한 문서는, 엠크레스(Mcres)사의 게임을 판매함에 있어 제시할 수 있는 가격 등 주요정보에 관한 몇 가지 비즈니스 모델 등을 포함하고 있고, 그 내용은 향후 이 제품 또는 이와 유사한 제품을 다른 회사에 판매하는 경우에 유용하게 활용될 정보로서, 경쟁업체가 이를 입수할 경우 가격정책 수립 등에서 시간과 비용을 상당히 절약할 수 있을 것으로 보이며, 문서 하단에 비밀표시가 되어 있고, 피고인이 피해 회사의 주요 업무를 담당하면서 위 문서를 작성·보관하고 있었던 점 등을 고려할 때, 비밀관리성도 인정되므로 결국 피해 회사의 영업비밀에 해당한다고 보았다.

본 판례의 핵심은, 모바일 콘텐츠, 모바일 게임 등을 해외로 판매하는 사업을 영위하는 주식회사의 해외영업팀장으로 근무하면서 사용하던 업무용컴퓨터에 저장된 '모바일 게임 사업제안서'등의 문서들은, 경제적 유용성과 비밀관리성이 인정되어 피해 회사의 영업비밀에 해당한다고 본 점이다.[45]

9) 대법원 2010. 12. 23. 선고 2008다44542 판결

본 사안은, '고주파 수술기의 제조방법'이 구 부정경쟁방지 및 영업비밀보호에 관한 법률상의 '영업비밀'에 해당하지 않는다

---

45) 윤종행, "영업비밀보호에 관한 형사법적 쟁점과 최근판례의 동향," 위의 글, 121면.

고 본 경우이다. 대법원은 여기서, '고주파 수술기의 제조방법'이 그에 관한 문서에 비밀유지의무가 부과되지 아니하였고, 고주파 수술기의 부품 구성 및 부품 소자의 규격 값이 용이하게 파악될 수 있는 등, 그 제조방법이 영업비밀로 유지되기 위하여 상당한 노력이 있었다고 볼 수 없으므로, 구 부정경쟁방지 및 영업비밀 보호에 관한 법률에서 정한 '영업비밀'에 해당하지 않는다고 판단하였다.

그 근거로서, 우선 ① 피고인은, 1993년경 피해 회사와 원심 판시 MGI-201 고주파 수술기에 관한 수입판매계약을 체결하고 MGI-201 제품을 수입·판매하였고, 피고 주식회사 쿨투는 1995년 2월경 피고인으로부터 위 수입판매업자의 지위를 승계받아 1999년경까지 MGI-201 제품을 수입·판매한 사실, ② 피해 회사는, 1997년 4월경부터 1999년 2월경까지 피고들에게 MGI-201 제품 및 원심 판시 MGI-202 고주파 수술기의 회로구성, 부품사양과 제조방법이 기재된 제조공법 문서 및 제품표준서 등을 제공한 사실, ③ 피고 주식회사 쿨투는, 2001년 3월경부터 '닥터오텔 ST-501'이라는 고주파수술기를 제조·판매하고 있는데, 위 제품은 피해 회사의 MGI-202 제품과 동일한 구성을 하고 있는 사실, ④ 피해 회사는, 피고인들에게 위 수입판매계약이나 문서들을 제공하면서 비밀유지의무에 관한 규정을 두거나 약정을 하지 아니한 사실, ⑤ 이 사건 고주파 수술기의 제조에 관한 기술이

론과 소자 구성의 대부분은 공개되어 있고, 이 사건 고주파 수술기를 구성하는 부품 소자의 규격 값은, 부품에 기재된 수치를 판독하거나 또는 각 소자의 전기적 특성을 측정하여 용이하게 파악할 수 있다는 점, ⑥ 피해 회사가 피고들에게 이 사건 고주파 수술기의 제조방법 등에 관한 문서들을 제공하면서 비밀유지의무를 부과하지 아니한 점, 그리고 ⑦ 이 사건 고주파 수술기는 국내 등에서 널리 판매되었고, 이 사건 고주파 수술기의 부품의 구성 및 부품 소자의 규격 값은, 부품에 기재된 수치를 판독하는 방법 등에 의하여 용이하게 파악할 수 있을 뿐만 아니라, 피해 회사 역시 이를 암호화하는 등의 방법으로 비밀유지를 위하여 어떤 조치를 취하였다고 할 수 없는 점 등에 비추어 보면, 피해 회사가 이 사건 고주파 수술기의 제조방법을 영업비밀로 유지하기 위한 상당한 노력을 하였다고 볼 수는 없고, 설령 피해 회사가 취업규칙에서 그 직원들에게 일반적인 비밀유지의무와 문서 배포금지의무를 부과한 바 있다 하더라도, 결국 이 사건 고주파 수술기의 제조방법이 영업비밀로 관리되고 있다고 할 수 없다고 판단하였다.

본 판례는, 문제의 고주파 수술기의 제조방법 등에 관한 문서들에 대하여, 상당한 노력에 의한 비밀관리성이 인정되지 않는다고 봄으로써, 영업비밀 해당성을 부정한 점이 핵심이다.[46]

---

46) 윤종행, "영업비밀보호에 관한 형사법적 쟁점과 최근판례의 동향," 위의 글, 122면.

10) 대법원 2010. 7. 15. 선고 2008도9066 판결

회사의 프로그램 개발업무를 수행하던 피고인들이 회사의 프로그램파일을 정당한 권원 없이 복제한 것이 문제된 사안이다. 대법원은, ① 피고인들이 피해 주식회사에 입사할 때 영업비밀을 공개하거나 누설하지 않겠다는 내용의 서약서를 작성하였고, 피고인 1의 경우 퇴사할 때, 회사의 업무를 수행하면서 취득한 제품의 소스코드 등 기업비밀은 회사의 소중한 자산임을 인지하고 사무실 외로 반출하지 않았음을 확인한다는 내용의, 기업비밀보호 서약서를 작성하기는 하였으나, 피해 주식회사가 프로그램파일의 비밀을 유지함에 필요한 별다른 보안장치나 보안관리규정을 두고 있지 않았고, 중요도에 따라 프로그램파일을 분류하거나 대외비 또는 기밀자료라는 특별한 표시를 하지도 않았던 점, ② 연구원들은 회사의 파일서버에 자유롭게 접근할 수 있어서, 파일서버 내에 저장된 정보를 별다른 제한 없이 열람·복사할 수 있었고, 복사된 저장매체도 언제든지 반출할 수 있었던 점 등에 비추어, 이 사건 각 프로그램파일은 상당한 노력에 의하여 비밀로 유지되었다고 보기 어려우므로 영업비밀에 해당하지 않는다고 보았다.

본 판례의 핵심은, 회사의 프로그램 개발업무를 수행하던 피고인들이 복제한 프로그램파일에 대하여, 상당한 노력에 의한 비밀관리성이 인정되지 않는다고 봄으로써 영업비밀 해당성을

부정한 점이다.[47]

11) 대법원 2009. 10. 29. 선고 2007도6772 판결

본 사안에서 대법원은, 문제된 회로도 또는 회로도 파일, 레이아웃 도면 파일, 공정관련 설계자료집 파일 및 양산관련 '조립규격' 파일 등은, 비메모리 반도체집적회로의 설계 및 판매 전문회사인 피해 주식회사가 상당한 시간과 비용을 들여 연구 개발한 것으로서, 피해 주식회사의 영업에 있어 핵심적인 요소 중의 하나일 뿐만 아니라, 외부로 유출될 경우 경쟁사, 특히 후발경쟁업체가 동종 제품을 개발함에 있어 시간 단축의 효과를 가져올 수 있고, 그 내용이 일반적으로 알려지지 아니함은 물론 피해 주식회사가 이를 비밀로 관리해왔으므로, 위 기술정보들은 모두 피해 주식회사의 영업비밀에 해당하고, 위 회로도에 표시된 소자의 선택과 배열 및 소자값 등에 관한 세부적인 내용이 공연히 알려져 있지 아니한 이상, 다른 업체들이 피해 주식회사 제품과 기능이 유사한 제품들을 생산하고 있다거나, 타 회사 제품의 데이터시트(datasheet) 등에 그 제품의 극히 개략적인 회로도가 공개되어 있다는 등의 사정만으로 이와 달리 볼 수 없으므로, 위와 같은 기술정보들이 영업비밀에 해당한다고 판단하였다.[48]

---

[47] 윤종행, "영업비밀보호에 관한 형사법적 쟁점과 최근판례의 동향," 위의 글, 123면.

12) 대법원 2009. 9. 10. 선고 2008도3436 판결

본 사안은, 직원이 퇴사하면서 가지고 나온 자신의 컴퓨터에 저장된 회사의 영업 관련 자료는, 상당한 노력에 의하여 비밀로 유지된 정보라고 볼 수 없어, 구 부정경쟁방지 및 영업비밀보호에 관한 법률에 정한 '영업비밀'에 해당하지 않는다고 본 경우이다.

대법원은, 피해 회사가 피고인의 퇴직 전날인 2005. 7. 14. 피고인으로부터 '피해 회사에서의 업무수행과 관련하여 습득한 제반 정보 및 자료에 대한 기밀을 유지하겠다'는 내용의, 회사기밀유지각서를 제출받은 사실을 알 수 있으나, ① 이 사건 자료는, 피해 회사의 직원인 공소외인이 사용하는 컴퓨터에 저장되어 있었는데, 위 컴퓨터는 비밀번호도 설정되어 있지 않고 별도의 잠금장치도 없어 누구든지 위 컴퓨터를 켜고 이 사건 자료를 열람하거나 복사할 수 있었던 사실, ② 위 컴퓨터와 네트워크를 통해 연결된 피해 회사 내의 다른 컴퓨터를 통해서도, 별도의 비밀번호나 아이디를 입력할 필요 없이 누구든지 쉽게 공소외인의 컴퓨터에 접속하여 이 사건 자료를 열람·복사할 수 있었던 사실, ③ 공소외인은 이 사건 자료를 정기적으로 CD에 백업하여 사무실 내 서랍에 보관해 두었는데, 공소외인이 그 서랍을

---

48) 윤종행, "영업비밀보호에 관한 형사법적 쟁점과 최근판례의 동향," 위의 글, 123면.

잠그지 않고 항상 열어두었기 때문에 누구든지 마음만 먹으면 그 백업CD를 이용할 수 있었던 사실 등을 토대로 하여, 피해 회사가 피고인으로부터 위와 같이 일반적인 회사기밀유지각서를 제출받은 사실만으로는, 피해 회사가 소규모 회사라는 점을 고려하더라도, 이 사건 자료가 상당한 노력에 의하여 비밀로 유지되었다고 보기는 어렵다고 보았다.

본 판례는, 직원이 퇴사하면서 가지고 나온 자신의 컴퓨터에 저장된 회사의 영업 관련 자료에 관하여, 상당한 노력에 의한 비밀관리성이 인정되지 않는다고 봄으로써 영업비밀 해당성을 부정한 점이 핵심이다.[49]

13) 대법원 2009. 7. 9. 선고 2006도7916 판결

본 사안은, 조달물자구매계약상 철도청에 비밀유지의무가 부과된 기술상 정보인 캐드파일 및 기술자료는, 청외자의 신청에 의한 도면의 출도·열람을 허가하는 철도청 도면관리규정이 존재하고, 자료의 일부가 몇 차례 출도·열람되었다는 사정이 있더라도, 영업비밀 보유자의 상당한 노력에 의하여 비밀로 유지된 정보로서, 구 부정경쟁방지 및 영업비밀보호에 관한 법률에 정한 영업비밀에 해당한다고 본 경우이다.

---

[49] 윤종행, "영업비밀보호에 관한 형사법적 쟁점과 최근판례의 동향," 위의 글, 124면.

대법원은, ① 철도청 및 그 포괄승계인인 한국철도공사로 하여금, 계약상대자가 제출하는 기술상 정보를 공개할 경우 계약상대자의 승인을 얻도록 함으로써, 비밀유지의무를 부과한 물품구매계약 일반조건 제29조 제1항은, 피해 주식회사와 철도청 사이에 체결된 조달물자구매계약의 내용을 이루는 것으로서 예문에 불과한 것으로 볼 수 없으므로, 철도청 등은 위 계약 조항에 따라 피해 주식회사로부터 제출받은 이 사건 캐드파일 및 기술자료에 관하여 비밀유지의무가 있다 할 것이고, ② 청외자의 신청에 의하여 도면의 출도·열람을 허가할 수 있도록 한 철도청 도면관리규정은, 철도청 내에서 내부적인 구속력만을 갖는 행정규칙인 훈령에 불과하므로, 이러한 철도청 도면관리규정의 존재에 의하여 철도청 등이 위 계약 조항에 따라 부담하는 비밀유지의무가 부정된다고 볼 수 없으며, ③ 피해 주식회사가 위와 같은 조달물자구매계약에 따라 이 사건 캐드파일 및 기술자료를 철도청에 제출하였고, 그 중 일부가 철도차량의 보수·유지를 위한 목적으로 몇 차례 출도·열람되었다는 사정이 있다고 하더라도, 이 사건 캐드파일 및 기술자료의 비공지성이 상실되었다고 볼 수 없고, ④ 피해 주식회사는 회사 내부적으로 이 사건 캐드파일 및 기술자료에 대한 접근을 제한하는 조치 등을 취하고 있었고, 철도청과 조달물자구매계약을 체결하면서 이 사건 캐드파일 및 기술자료에 관한 비밀유지의무를 부담하도록 하였으며,

이 사건 캐드파일의 전자매뉴얼 작성을 의뢰한 공소외 2 및 그 하수급인 공소외 3 주식회사로 하여금 이 사건 캐드파일에 관한 명시적 또는 묵시적인 비밀유지의무를 부담하도록 한 이상, 이 사건 캐드파일 및 기술자료는 영업비밀 보유자의 상당한 노력에 의하여 비밀로 유지된 정보라 할 것이고, ⑤ 피해 주식회사가 이 사건 캐드파일 및 기술자료를 완성하는 데 많은 시간과 비용을 투여하였고, 피해 주식회사의 경쟁업체인 공소외 4 주식회사가 이 사건 캐드파일 등을 사용할 경우 절약되는 시간과 비용이 상당한 점 등에 비추어 볼 때, 이 사건 캐드파일 및 기술자료가 가지는 경제적 유용성도 충분히 인정된다 할 것이므로, 결국 이 사건 캐드파일 및 기술자료는 모두 영업비밀에 해당한다고 보았다.

본 판례는, 피해 주식회사로부터 제출받은 이 사건 캐드파일 및 기술자료에 관하여, 경제적 유용성과 상당한 노력에 의한 비밀관리성이 인정된다고 봄으로써 영업비밀 해당성을 인정한 점이 핵심이다.[50]

14) 대법원 2009. 7. 9. 선고 2009도250 판결

본 사안은, 냉각탑에 대하여 미국의 냉각기술협회의 인증을

---

50) 윤종행, "영업비밀보호에 관한 형사법적 쟁점과 최근판례의 동향," 위의 글, 125면.

받은 국내 유일의 업체인 피해 회사의 직원이, 퇴직시 영업비밀 보호서약서를 제출하였음에도 불구하고, 사전에 확보하여 놓은 피해 회사 냉각탑 설계도를 이용하여 그 기술상의 정보를 경쟁업체인 다른 회사에 제공한 경우로서, 냉각탑의 완제품설계도와 부품설계도에 수록된 기술상의 정보가 '영업비밀'에 해당한다고 본 경우이다.

대법원은, ① 냉각탑에 대하여 미국의 냉각기술협회(Cooling Technology Institute)에 의한 인증을 받으면 해당 업계에서는 냉각탑의 성능 및 품질에 대하여 공신력을 부여받게 되는 사실, ② 주식회사 경인기계는 2004년 당시 냉각탑에 대하여 위 협회의 인증을 받은 국내 유일의 업체로서 연간 매출액이 약 200억 원 정도에 이르고, 외국의 업체와 경쟁하여 인천공항의 대형 냉각탑을 수주, 제조할 정도로 탁월한 영업성과를 거두어 온 사실, ③ 경인기계는 오랜 기간 연구개발을 거듭하여 냉각탑의 설계 및 제조에 관하여 기술상의 노하우를 쌓아 왔으며, 경쟁업체가 위와 같은 기술을 정상적으로 취득하기 위해서는 상당한 시간과 노력이 소요되는 사실, ④ 중국의 금능제냉유한회사는 2003. 4. 경 경인기계와 사이에 냉각탑의 제조, 판매에 관한 기술협력계약을 추진하였으나, 경인기계가 금릉사의 주식 25%를 요구함에 따라 금릉사가 이에 반발하면서 계약교섭이 결렬된 사실, ⑤ 피고인은 그 무렵 경인기계의 해외사업부 담당직원으로 근무하다가 퇴직한 자이고, 제1심 공동피고인 1은 냉각탑 개발업무의 연구원으로 약 4년 동안 근무하다가 퇴직하여 피고인과 함께 동종업체인 주식회사 포쿨을 설립한 자로서, 피고인과 제1심 공동피고인 1은 위 퇴직 당시 경인기계에게 영업비밀보호서약서를 제출한 사실, ⑥ 경인기계의 직원들 중에서 냉각탑 설계도 파일에 접근할 수 있는 사람은 업무관련성이 있는 직원들로만 제한되고, 실제로 위 파일에 접근하기 위해서는 회사에서 부여한 아이디와 비밀번호를 입력하여 회사의 승인을 받아야만 접근할 수 있으며, 또한 로그파일에 관련된 기록은 보안책임자와 관리책임자가 지정된 가운데 회사가 이를 관리하여 온 사실, ⑦ 피고인과 제1심 공동피고인 1은, 사전에 확보하여 놓은 경인기계의 냉각탑 설계도를 이용하여, 2004. 10.경 금릉사와 사이에 경인기계의 냉각탑 설계 및 제조기술을 지원하는 내용의 기술협력계약을 체결한 사실, ⑧ 피고인과 제1심 공동피고인 1은, 냉각탑 부품들의 세부적인 수치, 부품들 사이의 결합관계, 전체적인 구조 등에 관한 경인기계의 기술상의 정보를 냉각탑 설계도를 인도하는 방식으로 금능사에게 제공하였고, 금능사와 같은 설계도상의 기술상의 정보를 이용하여 자사의 냉각탑을 제조하여 위 협회의 인증을 쉽게 받아낼 수 있었던 사실 등을 토대로 하여, 냉각탑의 완제품설계도와 부품설계도에 수록된 경인기계의 기술상의 정보는, 특별한 사정이 없는 한 영업비밀에 해당한다고 봄이 상당하다고 판단하였다.

본 판례는, 피해 회사의 냉각탑 완제품설계도와 부품설계도에 수록된 기술상의 정보에 대하여, 상당한 노력에 의한 비밀관리성이 인정된다고 봄으로써 영업비밀 해당성을 인정한 점이 핵심이다.51)

15) 대법원 2009. 4. 9. 선고 2006도9022 판결

본 사안은, 거래처 배포용 등으로 제공되고 그 일부가 웹사이트에 공개된 휴대전화기용 미들웨어의 설명서가, 공연히 알려져 있는 것이거나 독립된 경제적 가치를 가진다고 할 수 없는 것이어서, 구 부정경쟁방지 및 영업비밀보호에 관한 법률상의 영업비밀에 해당하지 않는다고 본 경우이다.

대법원은 이 사건에서, 문제된 문서는 공소외 2 주식회사가 개발한 휴대전화기용 미들웨어인 '임베디드 게임 기어(Embedded Game Gear)'의 설명문으로서, 위 회사가 그 해외마케팅 대행사인 피해 회사에 거래처 배포용 등으로 제공한 것으로 보이고, 위 문서는 그 내용 중 일부가 피해 회사의 웹사이트에 공개되어 있었고, 위 문서의 내용은 미들웨어에 관하여 기술적으로 중요한 정보가 기재되어 있거나, 그 보유자가 경쟁상의 이익을 얻을

---

51) 윤종행, "영업비밀보호에 관한 형사법적 쟁점과 최근판례의 동향," 위의 글, 126면.

수 있는 정보를 담고 있다기보다는, 미들웨어의 구성과 기능상의 특징에 관하여 간략히 개괄하고 있는 것에 불과하므로, 위 문서는 공연히 알려져 있는 것이거나 독립된 경제적 가치를 가진다고 할 수 없는 것이어서, 영업비밀에 해당하지 아니한다고 판단하였다.

16) 대법원 2009. 3. 16. 선고 2008마1087 결정

본 사안은, 산화아연 제조 회사에서 근무하다가 퇴사한 자를 퇴사 직후 채용하여, 그가 알고 있는 '신형 산화로'에 관한 위 회사의 영업비밀을 이용하여, 같은 형태의 '신형 산화로'를 축조하게 하고 이를 이용하여 산화아연 제품을 생산한 것이 문제된 경우이다.

대법원은, ① 산화아연을 제조하는 회사에게, 이 사건 신형 산화로에 대한 기술정보는 가장 중요한 경영요소 중의 하나로서 경제적 가치가 있음이 분명하고, 피해 회사가 오랜 시간과 많은 인적·물적 시설을 투입하여 연구·개발한 것으로서, 그 내용이 일반적으로 알려지지 아니하였고 이를 비밀로 관리해왔으므로, 이 사건 신형 산화로에 대한 기술정보는 피해 회사의 영업비밀에 해당하고, ② 피해 회사에서 품질관리부장으로 근무하면서 영업비밀 준수에 관한 서약을 한 피신청인은, 피해 회사를 퇴사한 후에도 상당기간 이 사건 신형 산화로에 관한 비밀을 유지할 의무를 부담한다 할 것임에도, 피신청인의 퇴사 직후 그가 알고 있는 이 사건 신형 산화로에 관한 피해 회사의 영업비밀을 이용하여, 피신청인의 중국 공장에 이 사건 신형 산화로와 같은 형태의 신형 산화로 2기를 축조하게 하고, 이를 이용하여 산화아연 제품을 생산하게 한 것은, 부정한 수단으로 피해 회사의 영업비밀을 취득하여 사용한 행위로서, 구 부정경쟁방지 및 영업비밀보호에 관한 법률상의 영업비밀의 침해행위에 해당한다고 판단하였다.

본 판례는, 산화아연을 제조하는 피해 회사의 신형 산화로에 대한 기술정보에 관하여, 상당한 노력에 의한 비밀관리성을 인정하고, 부정한 수단으로 피해 회사의 영업비밀을 취득하여 사용한 행위로서, 영업비밀의 침해행위에 해당한다고 본 점이 핵심이다.[52]

17) 대법원 2008. 7. 10. 선고 2006도8278 판결

본 사안은, 회사를 퇴직한 피고인이 재직 중 취득한 소속 회사의 납품가격 및 하청업자에 대한 정보 등을 이용하여 소속회사의 거래 회사와 영업을 한 경우로서, 대법원은 위 정보들은 부정경쟁방지 및 영업비밀에 관한 법률상의 '영업비밀'에 해당하

---

[52] 윤종행, "영업비밀보호에 관한 형사법적 쟁점과 최근판례의 동향," 위의 글, 128면.

지 않는다고 본 경우이다.

　대법원은, 그 근거로서 다음과 같은 점을 들고 있다. ① 이 사건 정보 중 "미국 배셋사의 바이어 명단"에 관하여 보면, 피고인이 벨금속을 퇴직한 후 그 재직 당시 알고 있던 배셋사의 바이어 중 빌(Bill)과 접촉하여 배셋사와 거래를 한 사실은 인정된다. 그러나 배셋사는 바이어를 통하여 국내외 경쟁업체들에게 원하는 제품의 사양과 그림 또는 도면 등을 보낸 다음, 납품가격 등을 제시하도록 경쟁을 붙여 적합한 업체를 납품회사로 선정하여 왔으며, 벨금속은 배셋사에 대하여 손톱깎이 등 제품을 독점적으로 공급하는 회사가 아니라 여러 납품업체들 중의 하나이고, 배셋사의 바이어들은 벨금속을 통하여 국내 동종업체를 소개받기도 하였고, 소개받은 업체들과 명함을 주고받고 품질에 대한 상담을 한 사실을 알 수 있으므로, 배셋사의 바이어 명단은 상당 부분 동종 업계에 알려져 있을 뿐만 아니라, 관련 업체들이 별다른 노력을 하지 않고도 그 명단을 확보할 수 있었을 것으로 보이므로, 영업비밀에 해당한다고 볼 수 없다. ②"납품가격, 아웃소싱 구매가격, 물류비 등 가격산정에 관한 제반자료"에 관하여 보면, 피고인이 벨금속을 퇴직한 후 벨금속이 배셋사에 납품한 바 있는 제품과 일부 유사한 제품을, 벨금속의 배셋사에 대한 납품가격보다 낮은 가격으로 배셋사에 납품한 사실은 인정된다. 그러나 배셋사는 납품업체와의 협상 과정에서 다른 경쟁업체가 제시한 납품가격을 알려주면서 가격을 맞추어 줄 것을 요구하거나, 경쟁업체보다 낮은 가격으로 납품할 수 있는지를 확인하는 경우도 있어서, 경쟁업체 사이에서 타 회사의 납품가격은 많은 부분 알려져 있거나 예측이 가능하였다. 벨금속은 배셋사에 납품하는 대부분의 제품을 국내 업체에 도급을 주어 생산하도록 한 반면, 피고인은 배셋사에 납품하는 제품 전부를 인건비가 싼 중국 업체에 도급을 주어 생산하도록 하였기 때문에, 벨금속보다 현저히 낮은 가격에 배셋사에 납품할 수 있었던 사실을 인정할 수 있다. 비록 피고인이 벨금속처럼 국내 업체를 통해 배셋사에 납품할 제품을 생산하였다면, 벨금속의 배셋사에 대한 납품가격, 아웃소싱 구매가격, 물류비 등을 알게 되는 경우, 경쟁상의 이익을 얻을 수 있으므로 독립된 경제적 가치가 있다고 볼 수 있으나, 피고인이 벨금속과 달리 중국 업체를 이용하여 제품을 생산한 후 벨금속에 비해 현저히 낮은 가격으로 배셋사에 납품을 한 이상, 벨금속의 납품가격, 아웃소싱 구매가격, 물류비 등에 대한 정보가, 피고인에게 있어 독립된 경제적 가치가 있다고 볼 수 없다. 그리고 벨금속의 배셋사에 대한 납품가격의 대략적인 것은 동종 업계에 알려져 있기도 하므로, 위와 같은 정보가 영업비밀에 해당한다고 볼 수 없다. ③"공소외인이나 존 올리에 관한 자료"에 관하여 보면, 피고인이 벨금속을 퇴직한 후 재직중에 알고 있던 공소외인 등을 통해 중국 업체로 하여금 제품을 생산하게 한 사실은 인정되지만, 공소외인과 존 울리는 국내 업체 중 벨금속과만 거래를 하는 것이 아니라, 다른 업체와도 거래를 하고 있는 사실을 알 수 있으므로, 공소외인에 대한 인적사항이나 연락처 등이, 벨금속에만 알려져 있고 다른 경쟁업체에게는 알려져 있지 않다고 할 수 없다.

본 판례는, 재직 중 취득한 소속 회사의 납품가격 및 하청업자에 대한 정보 등에 대하여, 독립된 경제적 가치와 비밀성이 인정되지 않는다고 보아 영업비밀해당성을 부정한 점이 핵심이다.[53]

18) 대법원 2008. 2. 15. 선고 2005도6223 판결

본 사안은, 사원이 회사를 퇴사하면서, 부품과 원료의 배합비율과 제조공정을 기술한 자료와, 회사가 시제품의 품질을 확인하거나 제조기술 향상을 위한 각종 실험을 통하여 나타난 결과를 기재한 자료를 가져간 경우이다. 대법원은, 이는 형법상 절도에 해당하고, 위 자료는 구 부정경쟁방지 및 영업비밀보호에 관한 법률상 '영업비밀'에 해당한다고 보았다. 여기서 문제된 각 자료들 중 일부는 피해 회사가 연구·실험한 결과에 의하여 작성된 것으로서, 거기에는 백색 발광다이오드(White LED) 제조를

---

[53] 윤종행, "영업비밀보호에 관한 형사법적 쟁점과 최근판례의 동향," 위의 글, 129면.

위한 부품, 원료의 배합비율 및 제조 공정이 구체적으로 기술되어 있고, 나머지 일부는 피해 회사가 시제품의 품질을 확인하거나 제조기술 향상을 위한 각종 실험을 통하여 나타난 결과를 기재한 자료임을 인정할 수 있으므로, 위 자료들은 모두 '영업비밀'에 해당한다고 보았다.54)

(2) 취득

대법원은, 부정경쟁방지 및 영업비밀보호에 관한 법률상의 영업비밀의 '취득'은, 도면, 사진, 녹음테이프, 필름, 전산정보처리조직에 의하여 처리할 수 있는 형태로 작성된 파일 등 유체물의 점유를 취득하는 형태는 물론이고, 그 외에 유체물의 점유를 취득함이 없이 영업비밀 자체를 직접 인식하고 기억하는 형태 또는 영업비밀을 알고 있는 사람을 고용하는 형태로도 이루어질 수 있으나, 어느 경우에나 사회통념상 영업비밀을 자신의 것으로 만들어 이를 사용할 수 있는 상태가 되었다면, 영업비밀을 취득하였다고 보고 있다.55)

---

54) 윤종행, "영업비밀보호에 관한 형사법적 쟁점과 최근판례의 동향," 위의 글, 129면.
55) 대법원 2009. 10. 15. 선고 2008도9433 판결.

1) **대법원 2012. 6. 28. 선고 2012도3317 판결**

대법원은, 구 부정경쟁방지법 제18조 제2항은 "부정한 이익을 얻거나 기업에 손해를 가할 목적으로 그 기업에 유용한 영업비밀을 취득·사용하거나 제3자에게 누설한 자"를 처벌하고 있는데, 기업의 직원으로서 영업비밀을 인지하여 이를 사용할 수 있는 사람은 이미 당해 영업비밀을 취득하였다고 보아야 하므로, 그러한 사람이 당해 영업비밀을 단순히 기업의 외부로 무단 반출한 행위는, 업무상배임죄에 해당할 수 있음은 별론으로 하고, 위 조항 소정의 '영업비밀의 취득'에는 해당하지 않는다는 입장이다.[56)]

대법원은 본 사안에서 피고인 1, 2가 공모하여 부정한 이익을 얻거나 기업에 손해를 입힐 목적으로 영업비밀을 취득한 경우라고 하더라도, 피고인들이 피해 회사에 근무할 당시 이미 당해 자료를 취득한 것은, 구 부정경쟁방지법 제18조 제2항에 정한 '영업비밀의 취득'에는 해당하지 않는다고 보았다.

2) **대법원 2011. 8. 25. 선고 2011도139 판결**

본 사안은, 피고인이 피해 회사의 펌프 제품 제조와 관련된 기술 자료가 담겨 있는 파일 및 그 밖의 파일 등이 저장된 USB

---

56) 대법원 2009. 10. 15. 선고 2008도9433 판결.

메모리를 교부받아 피고인의 노트북 컴퓨터에 이전하는 방법으로, 피해 회사의 영업비밀을 취득하였다고 기소된 경우이다.57)

대법원은, ① 피고인이 공소외 1로부터 받은 파일 'FinalTest1j.zip'에 있는 'pumpfinaltest.dxf' 및 'Pulse meta map.dxf'와 제1, 2번 파일인 'TestStand.dwg' 및 'TestStand2004.dwg'는 그 파일명이 다르고, 제1, 2번 파일의 캐드(CAD) 도면과 같은 레이아웃(layout)을 갖는 디자인은 피해 회사의 제조 및 검사 장치에는 해당하는 것이 없으며, 제1, 2번 파일에 있는 'Charge, Spare' 등의 표시는 피해 회사의 제품에는 없고 디자인도 독자적인 것이어서, 제1, 2번 파일은 피고인의 변소와 같이 직접 만들었을 가능성을 배제할 수 없으며, 공소외 1과 공소외 3의 진술도 이를 뒷받침하고 있으므로, 단지 피고인이 공소외 1로부터 받은 파일 중에 캐드 파일이 포함되어 있고, 제1, 2번 파일도 캐드 파일이라는 사정만으로는, 피고인이 공소외 1로부터 피해 회사가 제작한 제1, 2번 파일을 취득하였다고 단정하기 곤란하고, ② 공소외 2 주식회사의 상품기획본부 기술상담역인 '공소외 4'는, 제14 내지 17번 파일은 피해 회사의 파일과 비교할 때 기본적인 프로그램 순서가 동일하거나 유사하기는 하나 동일한 것은 아니라는 의견을 제시하고 있고, 공소외 1은, 제14 내지 16번 파일을 누가 만들었는지 모르며 피고인에게 준 적이 없고 제17번 파일

---

57) 윤종행, "영업비밀보호에 관한 형사법적 쟁점과 최근판례의 동향," 앞의 글, 130면.

을 자신이 직접 만든 것이라고 진술하고 있는 등, 제14 내지 16번 파일은 피고인에 의하여, 제17번 파일은 공소외 1에 의하여 만들어진 것이라는 피고인의 변소를 뒷받침하고 있으므로, 결국 피고인이 공소외 1로부터 피해 회사가 제작한 제14 내지 17번 파일을 취득하였다고 단정하기 곤란하다고 보았다.

본 판례는, 피해 회사의 펌프 제품 제조와 관련된 기술 자료가 담겨 있는 파일 및 그 밖의 파일 등이 저장된 USB 메모리를 교부받아 피고인의 노트북 컴퓨터에 이전한 행위와 관련하여, 영업비밀의 부정한 취득을 인정하지 않은 점이 핵심이다.[58]

3) 대법원 2011. 7. 14. 선고 2009다12528 판결

본 사안은, 피해 주식회사 해외영업팀장이 피해 회사에서 퇴직한 후, 피해 회사와 전략적 사업제휴계약을 체결한 모바일 게임 개발업체인 다른 주식회사에 입사하면서, 담당업무에 사용할 목적으로 피해 회사 재직 중 사용하던 업무용 컴퓨터에 저장된 문서들을 복사하여 가져간 경우이다. 대법원은 구 부정경쟁방지 및 영업비밀보호에 관한 법률에서 말하는 '부정한 수단'은, 절취·기망·협박 등 형법상 범죄를 구성하는 행위뿐만 아니라, 비밀유지의무 위반 또는 그 위반의 유인 등, 건전한 거래질서의 유지

---

[58] 윤종행, "영업비밀보호에 관한 형사법적 쟁점과 최근판례의 동향," 위의 글, 131면.

내지 공정한 경쟁의 이념에 비추어 위에 열거된 행위에 준하는 선량한 풍속 기타 사회질서에 반하는 일체의 행위나 수단을 말하고, 영업비밀을 부정취득한 자는, 취득한 영업비밀을 실제 사용하였는지에 관계없이, 부정취득행위 그 자체만으로 영업비밀의 경제적 가치를 손상시킴으로써, 영업비밀 보유자의 영업상 이익을 침해하여 손해를 입힌다고 보아야 한다고 판단하였다.

4) 대법원 2008. 4. 10. 선고 2008도679 판결

본 사안은, 회사직원이 업무상 보유하고 있던 다운스트림디펜더의 조립도, 상세도면 및 각 치수 등의 영업비밀을, 회사에서 사용하던 이메일 계정에서 개인적으로 사용하던 이메일 계정으로 송부한 경우로서, 대법원은 이 경우 구 부정경쟁방지 및 영업비밀보호에 관한 법률상의 '영업비밀의 취득'에 해당하지 않는다고 보았다.

(3) 누설

대법원은, 직무발명에 대한 권리를 사용자 등에게 승계한다는 취지를 정한 약정 또는 근무규정의 적용을 받는 종업원 등이, 비밀유지 및 이전절차협력의 의무를 이행하지 아니한 채 직무발명의 내용이 공개되도록 하는 행위가, 부정경쟁방지 및 영업비밀보호에 관한 법률상의 영업비밀 누설에 해당하는지에 관하여, 다음과 같은 입장이다. 우선, 발명자주의에 따라 직무발명을 한 종업원에게 원시적으로 발명에 대한 권리가 귀속되는 이상, 위 권리가 아직 사용자 등에게 승계되기 전 상태에서는 유기적으로 결합된 전체로서의 발명의 내용 그 자체가 사용자 등의 영업비밀로 된다고 볼 수는 없다고 보고 있다. 따라서 직무발명에 대한 권리를 사용자 등에게 승계한다는 취지를 정한 약정 또는 근무규정의 적용을 받는 종업원 등이, 비밀유지 및 이전절차협력의 의무를 이행하지 아니한 채 직무발명의 내용이 공개되도록 하는 행위를, 구 발명진흥법 제58조 제1항, 제19조에 위배되는 행위로 의율하거나, 또는 직무발명의 내용 공개에 의하여 그에 내재되어 있었던 사용자 등의 개개의 기술상의 정보 등이 공개되었음을 문제삼아, 누설된 사용자 등의 기술상의 정보 등을 개별적으로 특정하여, 부정경쟁방지 및 영업비밀보호에 관한 법률상 영업비밀 누설행위로 의율할 수 있음은 별론으로 하고, 특별한 사정이 없는 한, 그와 같은 '직무발명의 내용 공개'가, 곧바로 구 부정경쟁방지법 제18조 제2항에서 정한 '영업비밀 누설'에 해당한다고 볼 수는 없다고 판시하였다.[59]

---

[59] 대법원 2012. 11. 15. 선고 2012도6676 판결.

2. 산업기술의 유출방지 및 보호에 관한 법률의 적용례

산업기술의 유출방지 및 보호에 관한 법률 제14조(산업기술의 유출 및 침해행위 금지)는, 산업기술의 부정한 취득, 사용, 공개, 유출 행위 등을 금지하고 있다. 또한 동법 제34조(비밀유지의무)에서는, 대상기관의 임직원, 실무자 등 일정한 지위의 사람들은 그 직무상 알게 된 비밀을 누설하거나 도용하여서는 아니 된다고 규정하고 있다. 그리고 동법 제15조에서는, 법에서 정하고 있는 기관의 장에게 산업기술의 침해사실 또는 침해의 위험을 신고하도록 의무화하고 있다. 그런데 동법 제2조에 의하면, "산업기술"이라 함은, 제품 또는 용역의 개발·생산·보급 및 사용에 필요한 제반 방법 내지 기술상의 정보 중에서, 관계중앙행정기관의 장이 소관 분야의 산업경쟁력 제고 등을 위하여 법률 또는 해당 법률에서 위임한 명령(대통령령·총리령·부령에 한정한다)에 따라 지정·고시·공고·인증하는 기술을 포함하고 있다. 또한 "국가핵심기술"이라 함은, 국내외 시장에서 차지하는 기술적·경제적 가치가 높거나 관련 산업의 성장잠재력이 높아, 해외로 유출될 경우에 국가의 안전보장 및 국민경제의 발전에 중대한 악영향을 줄 우려가 있는 기술로서, 제9조의 규정에 따라 지정된 산업기술을 말한다고 규정하고 있다.

한편 대법원은, 구 산업기술보호법상 비밀유지의무의 대상인 "산업기술"은, 부정경쟁방지 및 영업비밀보호에 관한 법률에서의 "영업비밀"과 달리 비공지성(비밀성), 비밀유지성(비밀관리성), 경제적 유용성의 요건 등을 요구하지 않는다고 본 바 있다.60) 영업비밀보호에 관하여, 대법원이 산업기술보호법을 적용한 예는 많지 않다. 이에 관한 주요판례를 보면 다음과 같다.

1) 대법원 2018. 7. 12. 선고 2015도464 판결

대법원은, 산업기술보호법 제36조 제1항 위반의 죄는 고의 외에 '외국에서 사용하거나 사용되게 할 목적'을, 위 조항이 인용하는 제14조 제2호는 '부정한 이익을 얻거나 그 대상기관에 손해를 가할 목적'을 추가적인 범죄성립요건으로 하는 목적범으로서 검사가 이를 증명하여야 하므로, 행위자가 산업기술임을 인식하고 제14조 각호의 행위를 하거나, 외국에 있는 사람에게 산업기술을 보냈다는 사실만으로 그에게 위와 같은 목적이 있었다고 추정해서는 아니 된다는 입장이다. 그리고 행위자에게 위와 같은 목적이 있음을 증명할 직접증거가 없는 때에는, 산업기술 및 비밀유지의무를 인정할 여러 사정들에 더하여, 피고인의 직업, 경력, 행위의 동기 및 경위와 수단, 방법, 그리고 산업기술 보유기업과 산업기술을 취득한 제3자와의 관계, 외국에 보내게

---

60) 대법원 2013. 12. 12. 선고 2013도12266 판결.

된 경위 등, 여러 사정을 종합하여 사회통념에 비추어 합리적으로 판단하여야 한다고 보고 있다.

본 사안에서 대법원은, 피고인들의 '외국에서 사용하거나 사용되게 할 목적' 및 '부정한 이익을 얻거나 기업에 손해를 입힐 목적'에 관한 증명이 부족하다고 보았다.

2) 대법원 2013. 12. 12. 선고 2013도12266 판결

대법원은, 산업기술보호법 제2조 제1호 각 목의 어느 하나의 요건을 갖춘 산업기술은, 특별한 사정이 없는 한 "비밀유지의무의 대상"이 되고, 그 산업기술과 관련하여 특허등록이 이루어져 산업기술의 내용 일부가 공개되었다고 하더라도, 그 산업기술이 전부 공개된 것이 아닌 이상 비밀유지의무의 대상에서 제외되는 것은 아니라는 입장이다. 대법원은 본 사안에서, 문제의 '신기술'들과 관련하여, 특허로 등록되어 공중에 기술 일부가 공개되어 있다는 사실만으로, 이 사건 신기술들에 대한 비밀유지의무가 없어진다고 할 수 없다고 판시하였다.

3) 대법원 2012. 8. 30. 선고 2011도1614 판결

대법원은, 구 산업발전법은 첨단기술 및 첨단제품의 의미나 그 구별기준 등에 대하여는 별도로 규정하고 있지 않으므로, 첨단기술 및 첨단제품의 의미 등에 대해서는, 그 문언인 기술 및 제품이 가지는 일반적인 의미와 용례 등을 토대로, 구 산업발전법의 입법 목적과 첨단기술 및 첨단제품의 범위를 정하도록 규정한 취지를 참작하여, 합리적으로 해석하여야 한다는 입장이다. 대법원은, 중국 국적의 선급검사관인 피고인이 피해 주식회사의 드릴쉽(Drillship) 건조 관련 자료파일들을 부정한 방법으로 취득하였다고 하여, 구 '산업기술의 유출방지 및 보호에 관한 법률' 위반으로 기소된 사안에서, 파일들 중 설계도면인 "해양기본도 파일"은, 국가핵심기술로 지정·고시된 드릴쉽 설계기술에 해당하여 같은 법상 보호대상인 산업기술에 해당하나, 나머지 파일들은 드릴쉽 특유의 설계기술상 정보라고 보기 어려워 산업기술에 해당하지 않는다고 보았다.

본 사안에서 대법원은, 구 산업기술보호법에 근거한 2007. 8. 29. 산업자원부 고시 제2007-109호 「국가핵심기술」에는 '고부가가치 선박 및 해양시스템 설계기술'이 명시되어 있고, 그 고부가가치 선박에는 드릴쉽이 포함되어 있는 점을 고려할 때, 위 고시에서 정한 "드릴쉽 설계기술"은 산업기술보호법 제2조 제1호의 산업기술에 해당하고, 설계도면은 선박의 기본성능에서부터 작업자의 작업방법에 이르기까지 모든 기술이 집약되어 가시화된 것이므로, "드릴쉽 설계도면"을 취득하는 것은, 그 도면으로 가시화된 설계기술 자체를 취득하는 것과 같다고 보았다. 따라서 문제의 "해양기본도 파일"은, 위 국가핵심기술 고시에 의하여 지정된 "드릴쉽 설계기술"에 해당하여, 산업기술보호법상 보호대상인 산업기술에 해당한다고 보았다.

본 판례의 핵심은, 중국 국적의 선급검사관인 피고인이 취득한 피해 주식회사의 설계도면인 "해양기본도 파일"등 드릴쉽 건조 관련 자료파일들에 대하여, 산업기술보호법상 보호대상인 산업기술에 해당한다고 본 점이다.[61]

3. 형법상 업무상배임죄의 적용례

영업비밀 침해와 관련하여, 대법원이 업무상배임죄를 인정한 주요 사례는 다음과 같다.

1) 대법원 2016. 7. 7. 선고 2015도17628 판결

대법원은, 회사 직원이 경쟁업체에 유출하거나 스스로의 이익을 위하여 이용할 목적으로 회사 자료를 무단으로 반출한 경우에, 그 자료가 영업비밀에 해당하지 아니한다 하더라도, 그 자료가 불특정 다수인에게 공개되어 있지 아니하여 보유자를 통하지 아니하고는 이를 통상 입수할 수 없고, 그 자료의 보유자가

---

61) 윤종행, "영업비밀보호에 관한 형사법적 쟁점과 최근판례의 동향," 앞의 글, 134면.

그 자료의 취득이나 개발을 위해 상당한 시간, 노력 및 비용을 들인 것으로서, 그 자료의 사용을 통해 경쟁자에 대하여 경쟁상의 이익을 얻을 수 있는 정도의 영업상 주요한 자산에 해당한다면, 이는 업무상의 임무에 위배한 행위로서 업무상배임죄가 성립한다고 보고 있다. 또한 회사 직원이 영업비밀이나 영업상 주요한 자산인 자료를 적법하게 반출하여 그 반출행위가 업무상배임죄에 해당하지 않는 경우라도, 퇴사 시에 그 영업비밀 등을 회사에 반환하거나 폐기할 의무가 있음에도, 경쟁업체에 유출하거나 스스로의 이익을 위하여 이용할 목적으로 이를 반환하거나 폐기하지 아니하였다면, 이러한 행위는 업무상배임죄에 해당한다는 입장이나.62)

본 사안에서 대법원은, 피고인들이 피해회사를 퇴사하면서 문제의 범죄일람표 기재 각 자료를 무단 반출하거나 퇴사 후에도 반환·폐기하지 아니하고 계속 보관한 것은, 위 각 자료의 내용에 따라서는 배임행위에 해당할 수 있고, 퇴사 당시 피고인들에게는 그 임무에 위배하여 향후 위 각 자료를 경쟁업체에 유출하거나 스스로의 이익을 위하여 사용할 의사가 있었다고 추단할 수 있으므로, 피고인들에게 배임의 고의도 인정될 수 있다고 보았다. 또한 문제의 범죄일람표 기재 각 도면에는, 일본 공소외 1 회사가 피해회사에 와이어 카세트 제작·납품을 의뢰하면서 제공

---

62) 대법원 2008. 4. 24. 선고 2006도9089 판결, 대법원 2011. 7. 14. 선고 2010도3043 판결 등 참조.

한 일본 공소외 1 회사의 와이어 카세트 제작도면들 뿐만 아니라, 이를 토대로 피해회사가 다시 작성한 피해회사의 와이어 카세트 제작도면들이 포함되어 있으며, 피해회사가 일본 공소외 1 회사에 와이어 카세트를 제작하여 납품한 후에도, 위 도면들을 외부에 공개하지 아니한 채 업무상 자료로서 계속 보관하고 있는 사정들에 비추어 보면, 위 도면들은 피해회사 및 그 직원들 이외에 다른 사람에게 공개되어 있지 아니하고, 피해회사가 일본 공소외 1 회사와의 위 거래관계를 통하여 상당한 시간과 노력 및 비용을 들여 취득하거나 제작한 것으로서, 위 도면들의 사용을 통해 경쟁회사에 대하여 경쟁상의 이익을 얻을 수 있는 영업상 주요한 자산에 해당한다고 볼 여지가 충분하다고 판단하였다.

또한 문제의 범죄일람표 기재 각 자료는, 피해회사의 장비제작도면 및 구매원가자료 등 구매 관련 자료들이고, 16번 자료는 피해회사가 2007년 9월경부터 2012년 7월경까지 외주업체들에게 발주한 장비(설비) 등에 대한 계약서들을 모아 놓은 자료인데, 외주업체에 제공된 도면 등의 기술정보에 관한 제3자 공개가 금지되어 있는 등, 위 자료들은 모두 불특정 다수인에게 공개되지 아니한 자료들로 볼 수 있고, 피해회사가 수년 동안 장비 제작 및 구매 등의 업무를 하면서 위 자료들을 취득하거나 제작한 것으로서, 피고인 2 및 피고인 3이 공소외 3 회사로 이직한 후 장비 제작 및 구매 등의 업무를 하면서, 위 자료들 중 일부 자료를 참고한 사정들에 비추어 보면, 위 자료들은 불특정 다수인에게 공개되어 있지 아니하고, 피해회사가 상당한 시간과 노력 및 비용을 들여 취득하거나 제작한 것으로서, 그 자료들의 사용을 통해 경쟁회사에 대하여 경쟁상의 이익을 얻을 수 있는 영업상 주요한 자산에 해당한다고 볼 수 있다고 보았다.

다만, 3번 자료는 프로젝트별 예상원가 산출내역 및 2011년 매출액을 정리한 자료에 불과하고, 피해회사가 그 자료의 취득이나 개발을 위해 상당한 시간과 노력 및 비용을 들였다거나, 이를 통해 경쟁상의 이익을 얻을 수 있다고 보기에 부족하므로, 위 3번 자료는 피해회사의 영업상 주요한 자산에 해당한다고 할 수 없다고 판시하였다.

2) 대법원 2016. 6. 23. 선고 2014도11876 판결

대법원은, 회사 임직원이 영업비밀을 경쟁업체에 유출하거나 스스로의 이익을 위하여 이용할 목적으로 무단으로 반출하였다면, 그 반출 시에 업무상배임죄의 기수가 되고, 영업비밀이 아니더라도, 그 자료가 불특정 다수의 사람에게 공개되지 아니하였고, 사용자가 상당한 시간, 노력 및 비용을 들여 제작한 영업상 주요한 자산인 경우에도, 그 자료의 반출행위는 업무상배임죄를 구성한다는 입장이다.

대법원은, 회사의 임원인 피고인이 재직 중 회사의 승인 없이 영업파일들을 개인용 외장하드에 저장하여 보관하다가 회사 밖으로 무단 반출하고, 퇴사 후까지도 반환·폐기하지 아니하고 계속 보관한 것은, 보안서약서 등에 위배된 행위로서 이 사건 영업파일들의 내용에 따라서는 배임행위에 해당할 수 있다는 입장이다. 대법원은, 이 사건 영업파일들의 반출 및 퇴사 당시 피고인에게는, 그 임무에 위배하여 향후 이 사건 영업파일들을 경쟁업체에 유출하거나 스스로의 이익을 위하여 사용할 의사가 있었다고 추단할 수 있으므로, 피고인에게 배임의 고의도 인정될 수 있다고 보았다. 따라서 이 사건 영업파일들 중 일부가 공소외 회사의 영업비밀 또는 영업상 주요한 자산에 해당한다면, 피고인이 공소외 회사의 영업비밀 또는 영업상 주요한 자산에 해당하는 위 일부 영업파일들을 회사 밖으로 무단 반출하고, 퇴사 후까지 이를 계속 보관한 행위는 업무상배임죄를 구성하고, 비록 피고인이 공소외 회사의 임원으로서 그 권한에 의하여 이 사건 영업파일들을 취득하였다고 하여 달리 볼 수 없다고 판시하였다.

3) 대법원 2012. 11. 15. 선고 2012도6676 판결

대법원은, 직무발명에 대한 권리를 사용자 등에게 승계한다는 취지를 정한 약정 또는 근무규정의 적용을 받는 종업원 등이, 직무발명의 완성 사실을 사용자 등에게 통지하지 아니한 채, 그에 대한 특허를 받을 수 있는 권리를 제3자에게 이중으로 양도하여, 제3자가 특허권 등록까지 마치도록 하는 등으로 발명의 내용이 공개되도록 한 경우, 업무상배임죄를 구성한다고 보고 있다.[63]

본 사안에서 대법원은, 직무발명에 대한 특허를 받을 수 있는 권리 등을 사용자 등에게 승계한다는 취지를 정한 약정 또는 근무규정의 적용을 받는 종업원 등은, 사용자 등이 이를 승계하지 아니하기로 확정되기 전까지는 임의로 위와 같은 승계 약정 또는 근무규정의 구속에서 벗어날 수 없는 상태에 있는 것이어서, 종업원 등이 그 발명의 내용에 관한 비밀을 유지한 채 사용자 등의 특허권 등 권리의 취득에 협력하여야 할 의무는, 자기 사무의 처리라는 측면과 아울러 상대방의 재산보전에 협력하는 타인 사무의 처리라는 성격을 동시에 가지게 되므로, 이러한 경우 종업원 등은 배임죄의 주체인 '타인의 사무를 처리하는 자'의 지위에 있다고 보고 있다. 그리고 대법원은, 위와 같은 지위에 있는 종업원 등이, 임무를 위반하여 직무발명을 완성하고도 그 사실을 사용자 등에게 알리지 않은 채, 그 발명에 대한 특허를 받을 수 있는 권리를 제3자에게 이중으로 양도하여, 제3자가 특허권 등록까지 마치도록 하는 등으로 그 발명의 내용이 공개되

---

63) 윤종행, "영업비밀보호에 관한 형사법적 쟁점과 최근판례의 동향," 위의 글, 134면.

도록 하였다면, 이는 사용자 등에게 손해를 가하는 행위로서 업무상배임죄를 구성한다고 판단하였다. 그 근거로서 다음을 제시하고 있다.

① 문제의 Q22 합금은 피고인 1, 3이 공동으로 발명한 것이고, 피고인 1이 피해 회사와 체결한 위 비밀유지 및 경업금지약정은, 직무발명의 사전승계 약정으로서는 유효하며, Q22 합금 발명 중 피고인 1의 기여 부분은, 피해 회사와의 관계에서 피고인 1의 직무발명에 해당한다고 보아야 한다. ② 피고인들은 Q22 합금과 같이 강도가 높으면서도 가벼운 특성이 필요한 휴대 전자제품의 부품을 제조하는 데 적합한 경량 고강도 다이캐스팅용 합금의 발명이, 피해 회사에 긴요하다는 점을 잘 알고 있으면서도, 위 합금을 개발한 후 그에 대한 특허를 받을 수 있는 권리 중 피고인 1 공유지분을, 피해 회사에 이전하는 절차를 밟지 아니하고, 위 발명 전체에 대하여 피고인 3 명의로 단독 특허등록을 받아, 피고인 3 명의의 사업체를 통해 피고인들이 공동으로 수익을 얻고자 하였다. 실제로 공소외 5 주식회사, 공소외 6 주식회사와 Q22 합금에 대한 라이선스 계약을 체결하기까지 한 사실 등을 알 수 있다. ③ 피고인들이 공모하여, 피해 회사의 이사로서 회사를 경영하는 지위에 있었고, 그 직무에 관하여 Q22 합금을 공동으로 발명한 피고인 1이, 사용자인 피해 회사가 위 발명에 대한 특허를 받을 수 있는 권리 중 피고인 1의

지분을 승계하지 아니하기로 확정되기 전까지, 그 발명의 내용에 관한 비밀을 유지한 채, 피해 회사의 특허권 등 권리의 취득에 협력하여야 할 업무상의 임무를 위반하였다. ④ Q22 합금 발명 완성 사실을 피해 회사에 알리지 않은 채, 그 발명에 대한 특허를 받을 수 있는 권리 중 피고인 1의 지분을 피고인 3에게 이중으로 양도하여, 피고인 3이 단독으로 특허권 등록까지 마치도록 하고, 피고인 1, 2의 주선으로 피고인 3이 위 합금 발명에 관하여 다른 업체와 라이선스 계약을 체결하도록 하여 위 발명의 내용이 공개되도록 하였다. 결국 대법원은 피해 회사에 손해를 가하는 행위를 하였으므로 업무상배임죄가 인정된다고 판단하였다.

본 판례의 핵심은 직무발명에 대한 권리를 사용자 등에게 승계한다는 취지를 정한 약정 또는 근무규정의 적용을 받는 종업원 등에 관하여, '타인의 사무를 처리하는 자'의 지위를 인정하여 업무상배임죄가 성립한다고 본 점이다.[64]

4) 대법원 2012. 6. 28. 선고 2012도3317 판결

본 판례는, 부정경쟁방지 및 영업비밀보호에 관한 법률위반에는 해당하지 않지만, 업무상배임죄가 인정된다고 본 판례로

---

[64] 윤종행, "영업비밀보호에 관한 형사법적 쟁점과 최근판례의 동향," 위의 글, 136면.

서, 기업의 직원으로서 영업비밀을 인지하여 사용할 수 있는 사람이 이를 외부로 무단 반출하는 사안이다.

대법원은 본 사안에서, ① 피해 회사가 이 사건 정보들(다당류로 이중코팅하여 안정성 있는 고농도의 유산균을 대량 생산하는 유산균제조기술)을 영업비밀로서 관리하여 왔고, 피고인도 그러한 사정을 잘 알고 있었던 것으로 보이는 점, ② 피고인이 피해 회사에서 재직한 기간 및 직위, 피고인이 퇴직하기 전 상당한 기간 창업 준비를 해 온 것으로 보이는 점, ③ 피고인이 실제로 이 사건 정보들을 이용하여 회사를 경영하거나 제품 제조를 한 것으로 보이는 점 등을 인정한 다음, 이 사건 정보들을 반출할 당시 피고인에게는 그 임무에 위배하여 향후 위 정보들을 사용할 의사가 있었음을 추단할 수 있으므로, 피고인에게는 배임의 범의가 인정된다고 판단하였다.

5) 대법원 2012. 6. 28. 선고 2011도3657 판결

대법원은, 회사 직원이 경쟁업체 또는 자신의 이익을 위하여 이용할 의사로 무단으로 자료를 반출한 경우에, 업무상배임죄가 성립하기 위하여서는, 그 자료가 영업비밀에 해당할 필요까지는 없다고 하더라도, 적어도 그 자료가 불특정 다수인에게 공개되어 있지 않아 보유자를 통하지 아니하고는 이를 통상 입수할 수 없고, 그 자료의 보유자가 자료의 취득이나 개발을 위해 상당한 시간, 노력 및 비용을 들인 것으로서, 그 자료의 사용을 통해 경쟁사에 대하여 경쟁상의 이익을 얻을 수 있는 정도의 영업상 주요한 자산에 해당하는 것이어야 한다는 입장이다.[65]

본 사안에서 대법원은, ① 이 사건 각 보고서 중 '개발진행 보고서'는, 피고인이 피해 회사에 입사하기 전부터 그의 주도로 발명해 왔던 '엽납석 촉매 및 이를 이용한 PTMEG-디에스테르의 제조방법'에 관하여, 피고인의 지시에 따라 피해 회사 직원이 실시한 실험결과 자료일 뿐으로, 피해 회사가 그 취득이나 개발을 위해 상당한 시간, 노력 및 비용을 들인 자료로 보기는 어렵고, ② 'PTG PILOT TEST 결과'는, 피고인이 피해 회사에 입사하기 전부터 그의 주도로 발명해 왔던 '부반응기를 이용한 PTMEG-디에스테르의 제조방법'과 관련하여, 단지 그 운전조건을 확인하기 위하여 피고인의 지도 및 지시에 따라 피해 회사 직원이 실시한 실험결과 자료인데, 반응 시간 및 온도, 반응 원료인 무수초산의 농도 등이 생략된 채 실험결과 수치만 기재되어 있을 뿐이어서, 이로부터 실험한 운전조건 등을 알아내기는 어려워 보인다. 또한 실험방법의 잘못으로 그 실험결과를 실제로 적용한 시험운전에는 실패하여, 현재 피해 회사는 그와 다른 방법으로 부반응기를 운용하고 있는데다가, 위 실험결과가 부반응기 운용방식의 개선과 같은 기술개발 등에 특별히 기여하는

---

[65] 윤종행, "영업비밀보호에 관한 형사법적 쟁점과 최근판례의 동향," 위의 글, 136면.

바를 찾기도 어렵다. 따라서 그 사용을 통해 경쟁자에 대하여 경쟁상의 이익을 얻을 수 있는 자료로 볼 수는 없으므로, 결국 이 사건 각 보고서는 피해 회사의 영업상 주요한 자산에 해당한다고 할 수 없다고 보았다.

또한 그 밖의 자료들을 살펴보면, ① 피해 회사의 제품을 구매하는 고객에게 PTMEG의 물성이나 원료를 분석하여 제공한 자료, 피해 회사가 중국 회사들에 PTMEG 생산기술을 수출하면서 제공하거나 작성한 일반적인 홍보자료나 계약서 또는 특허출원하였으나 거절된 발명에 관한 자료 등, 불특정 다수인에게 공개되어 있다고 볼 수 있는 자료들이거나, ② 피고인이 주도한 발명에 관한 자료 또는 피고인이 피해 회사에 입사하기 전부터 가지고 있던 자료 등, 피해 회사가 그 취득이나 개발을 위해 상당한 시간, 노력 및 비용을 들인 것으로 볼 수 없는 자료들이거나, ③ 피고인이 피해 회사와의 고령토 촉매 발명 등과 관련된 분쟁에서, 산업재산권분쟁조정위원회와 법원에 제출하였음에도 이에 대해 피해 회사가 이의를 제기하거나 비밀로 유지해 달라는 등의 요청을 한 바는 없음에 비추어, 피해 회사도 별다른 가치를 부여하지는 않았던 것으로 보이는 자료, 또는 새로운 PTMEG 제조방법 등에 관한 실패한 실험자료일 뿐으로, 이후의 기술개발 등에 특별히 기여하는 바를 찾기는 어려운 자료 등, 그 사용을 통해 경쟁자에 대하여 경쟁상의 이익을 얻을 수 있다고 볼 수 없는 자료들이므로, 이들 자료는 모두 피해 회사의 영업상 주요한 자산에 해당한다고 할 수 없다고 판단함으로써, 업무상배임죄 성립을 부정하였다.

6) 대법원 2012. 2. 9. 선고 2011도17658 판결

주식회사의 직원이 회사의 영업자료를 경쟁업체 주식회사의 대표이사에게 전달함으로써, 피해 회사에 손해를 가하였다고 하여 업무상배임죄로 기소된 사안이다. 대법원은, 피고인이 원심 공동피고인과 공모하여 피해 회사의 거래처별 계약현황, 월별 매출현황, 수지분서 등에 관한 자료를 원심 공동피고인에게 전달함으로써, 피해 회사의 경쟁업체이자 원심 공동피고인이 대표이사로 있는 주식회사로 하여금, 피해 회사의 거래처 등에 관한 영업비밀을 취득하도록 하여, 재산상 이익을 취득하게 함과 동시에 피해 회사에 재산상 손해를 가하였다고 판단하여, 업무상배임죄를 인정하였다.

본 사안에서 대법원은, 2006년 7월부터 2010년 6월까지 피해 회사의 영업활동내역을 고스란히 담고 있는 이 사건 영업자료의 내용과 그 성격, 실제로 원심 공동피고인이 이 사건 영업자료를 이용하여 피해 회사의 대표이사에게 거래처를 넘기도록 협박하였고, 피해 회사의 거래처에게 피해 회사보다 낮은 단가를 제시하는 등으로 계약 체결을 위하여 접촉한 점 등에 비추어, 피고인들로서는 이 사건 영업자료의 유출이 피해 회사의 영업에는 큰 타격이 되고, 피해 회사로서는 이 사건 자료의 활용 여하에 따라 그 영업에 이익이 될 수 있음을 충분히 인식할 수 있었으므로, 업무상배임의 고의가 인정된다고 보았다.

7) 대법원 2011. 7. 28. 선고 2010도9652 판결

피고인이 피해 주식회사에서 재직 중 취득한 영업비밀에 해당하는 회사의 경영상 정보가 포함된 내부 문서인 파일들을 유출하였다고 하여, 업무상배임죄로 기소된 사안이다. 본 사안에서 대법원은 피고인이 엘지화학의 영업비밀에 해당하는 이 사건 파일들을 무단으로 반출하였고, 피고인의 이러한 행위는 엘지화학에 현실적으로 손해를 가한 경우가 아니라고 하더라도, 재산상 손해 발생의 위험을 초래한 경우에 해당하므로, '재산상의 손해를 가한 때'에 해당하고, 피고인은 영업비밀에 해당하는 이 사건 파일들을 자신의 개인 이메일로 전송받아 보관함으로써, 재산상 이익을 취득하였다고 보아야 한다고 판시하였다.

그리고 피고인은, ① 엘지화학 재직 중에 '직원으로서 재직 중 취득하거나 알게 된 회사의 경영정보, 업무상 비밀 등을 회사의 사전 서면 승낙 없이 업무 이외의 목적이나 부정한 목적으로 근무지 외로 반출하거나 사용하지 않을 것' 등을 내용으로 하는 정보보호동의서를 작성하였고, 엘지화학은 회사의 경영정보 등 영업비밀을 메신저 등을 통하여 외부로 유출하는 일체의 행위를 하여서는 아니된다는 내용의 정보보호규정과 외부발송메일관리요령에 관한 규정을 두고 있었으며, 피고인도 위와 같은 규정을 알고 있었던 점, ② 피고인이 이메일로 전송한 이 사건 파일들 중 일부 파일에는 비밀문서 표시가 기재되어 있어, 이를 무단으로 반출하면 안 되는 파일임을 쉽게 알 수 있었던 점, ③ 피고인은 이 사건 파일들을 개인 이메일로 전송한 이후에, 자신의 집에 있는 외장하드디스크에 보관하고 있다가, 엘지화학의 보안담당자로부터 보안체크 확인서의 제출을 요구받고 나서야 이 사건 파일들을 삭제한 점, ④ 피고인이 이 사건 파일들을 개인 이메일로 전송한 바로 당일 저녁에, 엘지화학과 경쟁업체인 금호석유화학 주식회사에 인터넷으로 입사를 신청하였고, 그 후 금호석유화학에 입사하여 상품기획팀에서 엘지화학에서의 업무와 유사한 업무를 담당하였는데, 이 사건 파일들에 있는 문서들은 금호석유화학에도 경제적 유용성이 있는 정보였던 점, ⑤ 피고인은 '2009년도 타웍스 사업계획서'를 작성하기 위해서 이 사건 파일들을 전송하였다고 주장하지만, 피고인이 위 사업계획서를 작성하지 않은 것으로 보아, 업무상 필요에 의하여 이 사건 파일들을 반출한 것으로 보이지 않는 점 등을 종합할 때, 피고인은 이 사건 파일들을 엘지화학의 외부로 반출할 당시, 적어도 미필적으로나마 배임의 고의가 있었다고 보아야 한다고 판시하였다.

본 판례의 핵심은, 피해 주식회사에서 재직 중 취득한 영업비밀에 해당하는 회사의 경영상 정보가 포함된 내부 문서인 파일들을 자신의 개인 이메일로 전송하여 보관한 행위에 관하여, 재산상 손해발생의 초래, 재산상 이익의 취득, 배임의 고의를 인정한 점이다.[66]

8) 대법원 2010. 7. 15. 선고 2008도9066 판결

본 사안은, 회사의 프로그램 개발업무를 수행하던 피고인들이 회사의 프로그램파일을 정당한 권원 없이 복제하였다는 이유로 기소된 경우이다. 대법원은 본 사안에서, ① 피고인들이 피해 주식회사를 퇴사하기 직전에야 이 사건 각 프로그램파일을 복사하여 취득하였음을 인정할 증거가 없고, 오히려 그 대부분은 피해 주식회사에 근무하면서 프로그램 개발업무를 수행하는 과정에서 복사 및 취득한 것으로 보이는 점, ② 피해 주식회사에서는 이 사건 각 프로그램파일이 비밀로 관리되지 않은 채, 피고인들과 같은 연구원들의 경우 별다른 제한 없이 이를 열람·복사할 수 있었고, 복사된 저장매체도 언제든지 반출할 수 있었던 점, ③ 피고인들이 이 사건 각 프로그램파일을 복사하여 취득한

---

[66] 윤종행, "영업비밀보호에 관한 형사법적 쟁점과 최근판례의 동향," 위의 글, 139면.

것은, 업무인수인계를 위한 것이거나 자료정리 차원에서 관행적으로 행해진 것으로 볼 여지가 있는 점, ④ 피고인들이 피해 주식회사를 퇴직한 후 개발한 FCS 증권 분석 프로그램은, 피해 주식회사의 Win-station 프로그램과 유사하거나 이를 변형 또는 참조하였다고 보기 어렵다는 컴퓨터프로그램보호위원회에 대한 감정촉탁회신결과에 의하면, 피고인들은 실제로도 이 사건 각 프로그램파일을 FCS 프로그램을 개발하는 데 이용하지는 아니한 것으로 보이는 점 등 여러 사정들을 고려할 때, 이 사건 각 프로그램파일을 복사하여 취득할 당시 피고인들에게 업무상배임의 고의가 있었다고 단정하기 어렵다고 판단하였다.

9) 대법원 2009. 10. 15. 선고 2008도9433 판결

대법원은, 회사 직원이 영업비밀을 경쟁업체에 유출하거나 스스로의 이익을 위하여 이용할 목적으로 무단으로 반출하였다면, 그 반출시에 업무상배임죄의 기수가 된다고 보고 있다. 본 사안에서 대법원은, 영업비밀이 아니더라도 그 자료가 불특정 다수의 사람에게 공개되지 않았고, 사용자가 상당한 시간, 노력 및 비용을 들여 제작한 영업상 주요한 자산인 경우에도, 그 자료의 반출행위는 업무상배임죄를 구성하며, 회사 직원이 영업비밀이나 영업상 주요한 자산인 자료를 적법하게 반출하여 그 반출행위가 업무상배임죄에 해당하지 않는 경우라도, 퇴사시에 그 영업비밀 등을 회사에 반환하거나 폐기할 의무가 있음에도, 경쟁업체에 유출하거나 스스로의 이익을 위하여 이용할 목적으로 이를 반환하거나 폐기하지 아니하였다면, 이러한 행위는 업무상 배임죄에 해당한다고 판시하였다.

대법원은, 피고인이 피해 주식회사에 재직 중 입수한 정보에 대하여 비밀을 유지하고 퇴사시에는 위 정보가 기록되어 있는 모든 저장매체를 반환하기로 하는 내용의 '비밀유지 및 경업금지 서약서'를 작성한 바 있어, 재직 중 자신이 입수한 파일들을 퇴사시 반환할 의무가 있고, 만약 이를 반환할 수 없는 부득이한 사정이 있었다면, 고용계약에 따른 부수적 의무 내지 신의칙에 비추어 퇴사 직후 이를 폐기할 의무가 있으며, 위 파일들이 피해 주식회사의 영업비밀에 해당함을 충분히 인식하고 있었음에도 불구하고, 다른 주식회사에 입사할 때까지 위 파일들을 계속 보관하고 있다가 이 사건 영업비밀을 사용하였다는 등의 사정을 종합하여, 피고인이 퇴사하면서 위 파일들을 피해 주식회사 외부로 반출할 당시에, 피고인에게 향후 위 파일들을 사용할 의사가 있었다고 추단할 수 있으므로, 적어도 배임의 미필적 고의를 인정할 수 있다고 보았다.

10) 대법원 2008. 4. 24. 선고 2006도9089 판결

본 판례는, 회사직원이 퇴사시 업무관련 파일들을 회사에 반

환하거나 폐기할 의무가 있음에도, 이를 폐기하지 않고 계속 보관하다가 경쟁업체에 반출한 사안이다. 대법원은 회사 관련 파일에 관한 보안준수서약서 또는 비밀유지서약서, 고용계약에 따른 부수적 의무 내지 신의칙상 퇴사시 위 파일들을 회사에 반환하거나 폐기할 의무가 있고, 업무상 필요가 있는 경우에 한하여 업무용 자료의 반출을 용인하고 있음에도, 회사직원이 회사의 승낙을 받지 않은 채 위 파일들을 반출하고, 퇴사시에 위 사실을 고지하지 않은 채, 위 파일들을 폐기하지 않고 계속 보관하여 위 파일들 중 일부를 경쟁업체에 반출한 경우, 위 파일들이 회사의 영업비밀 또는 영업상 주요한 자산에 해당한다면, 위 파일들의 각 반출행위 또는 피일들의 미반환·미폐기 행위는 업무상배임죄를 구성한다고 보았다.

당해 사안에서 대법원은, ① 피고인들은 피해 주식회사 입사시 또는 재직 중에 "업무상의 비밀사항은 물론이고 기타 회사의 업무에 대해서도 결코 누설하지 아니할 것과 퇴직 후라도 일체 이를 누설하지 않는다"는 내용의 서약서, 또는 "본인은 업무를 수행하면서 지득한 회사의 기밀을 재직중 또는 퇴직 후 피해 주식회사 임직원 및 어떤 제3자에게도 누설하지 않을 것과 보안준수사항을 지킬 것을 서약합니다"라는 내용의 보안준수서약서 또는 비밀유지서약서 등을 각 작성한 점, ② 피고인 2의 경우 그 비밀유지서약서에 "퇴사나 업무 변경시 모든 자료를 회사에 반환하겠습니다"라고 기재되어 있어, 퇴사시 이 사건 파일들을 피해 주식회사에 반환하거나 폐기할 의무가 있음이 분명하고, 피고인 1과 피고인 3의 경우에도 그들이 작성한 서약서 등에 그러한 내용이 기재되어 있지는 아니하나, 고용계약에 따른 부수적 의무 내지는 신의칙상, 퇴사시에 이 사건 파일들을 피해 주식회사에 반환하거나 폐기할 의무가 있다고 보이는 점, ③ 피해 주식회사는 그 직원들에게 보안교육을 주기적으로 실시하였고, 업무용 자료의 사외 반출을 금지하면서, 다만 재택근무 등 업무상 필요가 있는 경우에 한하여 업무용 자료의 반출을 용인하고 있었는데, 피고인들은 업무상 필요에 의하여 이 사건 파일들을 반출하였다고 보이지 않는 점, ④ 피고인들은 이 사건 파일들을 반출함에 있어 피해 주식회사의 승낙을 받지 않았음에도, 피해 주식회사 퇴사시에 "본인은 피해 주식회사에 재직할 당시 업무와 관련한 문서, 도면, 파일 등을 정당한 권한 없이 외부로 유출한 사실이 없다"는 내용의 서약서가 첨부된 사직서를 피해 주식회사에게 제출하여, 이 사건 파일들의 반출사실을 고지하지 않았을 뿐만 아니라, 이 사건 파일들을 폐기하지 않고 퇴사 후에도 계속 보관하고 있었던 점, ⑤ 피고인 2와 피고인 3은 공소외 8 주식회사 입사 후 이 사건 파일들 중 일부를 다른 회사의 컴퓨터에 옮겨 놓은 점 등 제반 사정을 종합하여 보면, 피고인들이 이 사건 파일들을 피해 주식회사 외부로 반출할 당시, 피고인들에게는 향후 피해 주식회사와 무관하게 이 사건 파일들을 사용할 의사가 있었다고 추단함이 상당하여, 적어도 미필적으로나마 배임의 고의가 있었다고 보아야 한다고 판단하였다.

IV. 결

이상에서 본 바와 같이, 피해 기업뿐만 아니라 국가·사회적으로 심각한 타격을 주는 영업비밀 침해행위에 대한 세계 각국의 분주한 대응과 계속되는 연구에도 불구하고, 첨단 테크널러지를 동원한 영업비밀의 침해사례는 점점 증가하고 있는 상황이다. 우리나라도 다각적인 법제도적 대응책을 마련하여 시행하고 있으나, 실무상 많은 한계점을 드러내고 있다.[67] 영업비밀 침해행위는 기본적으로 무체재산권을 침해하는 것으로서 대개는 종업원의 고용계약상의 신뢰관계위반을 내포하고 있다. 그러나 국민의 안전과 건강 또는 환경에 유해한 활동을 하는 반사회적 기업의 영업비밀은 법적 보호의 범위에서 제한되어야 할 것이고, 이러한 기업의 영업비밀을 취득 내지 유출하는 행위는 일정한 요건 하에서 위법성이 조각되거나 면책이 되는 것으로 보아야

---

67) 윤종행, "영업비밀보호에 관한 형사법적 쟁점과 최근판례의 동향," 위의 글, 142면.

할 것이다. 또한 영업비밀의 보호행위는 한편으로는 기업의 획기적 혁신의 혜택을 사회일반이 공유하는 것을 제한하는 측면이 있고, 고용시장의 유동성을 저해하는 요소로 작용할 수 있다는 문제점이 있음을 알 수 있다. 그러나 기업의 연구개발을 위한 투자는 결과적으로 사회 발전의 원동력이 된다는 점에서, 영업비밀의 부정한 취득행위에 대한 규제의 필요성에 의문을 제기하기는 어렵다고 본다. 다만 어느 정도의 범위에서 영업비밀을 보호하고 형사처벌의 수위를 정할 것인가에 관한 논의는 계속되어야 할 것이다. 그리고 해킹 등 사이버범죄를 통한 영업비밀 침해행위에 대한 제도적·기술적 대응책을 지속적으로 정비해 나가야 할 것이다.[68]

영업비밀 침해행위와 관련하여 우리나라 대법원판례의 동향을 보면, 우선 부정경쟁방지 및 영업비밀보호에 관한 법률상의 경제적 유용성, 비공지성, 비밀관리성의 요건을 갖춘 영업비밀 해당성이 쟁점이 된 경우가 많고, 영업비밀의 취득 또는 누설행위에 해당하는지가 문제되고 있다. 그리고 산업기술의 유출방지 및 보호에 관한 법률의 적용례는 많지 않지만, 산업기술보호법상 보호대상인 산업기술에 해당하는지가 문제된 바 있다. 그리고 영업비밀의 부정 취득행위가 업무상배임죄에 해당하는지에 있어서, 타인의 사무를 처리하는 자의 지위에 있는지, 재산상

---

[68] 윤종행, "영업비밀보호에 관한 형사법적 쟁점과 최근판례의 동향," 위의 글, 142면.

이익의 취득과 손해의 발생 여부, 그리고 업무상배임의 고의 유무 등이 주로 문제되고 있음을 알 수 있다.69)

그런데 우리나라 판례에서 지금까지는 주로 영업비밀 침해행위가 형벌법규의 구성요건에 해당하는지가 주요 쟁점이 되어 왔으나, 앞으로는 보다 다양한 형사법적 쟁점으로서 위법성조각사유, 책임조각사유 등도 문제될 것으로 예상된다. 이러한 쟁점에 대한 판단에 있어서는 문제된 영업의 성격이 국민의 생명·신체의 안전, 환경 등과 어느 정도 밀접성이 있는지, 그 밖의 공익 관련성 등을 고려하여야 할 것이다. 아울러 구체적으로 영업비밀을 침해하는 행위를 한 사람의 근로환경, 담당업무의 성격, 사회적 지위, 그리고 행위의 동기나 의도 등을 종합적으로 고려하여, 어느 정도 범위에서 영업비밀을 보호하여야 할 것인지를 신중히 판단하여야 할 것이다.70)

---

69) 윤종행, "영업비밀보호에 관한 형사법적 쟁점과 최근판례의 동향," 위의 글, 142면.
70) 윤종행, "영업비밀보호에 관한 형사법적 쟁점과 최근판례의 동향," 위의 글, 143면.

제2장 미국의 산업스파이에 대한 법적 대응

I. 서설

　오늘날 회사나 개인뿐만 아니라 국가·사회적으로 심각한 타격을 주는 영업비밀 침해행위에 대한 세계 각국의 분주한 대응과 계속되는 연구에도 불구하고, 산업스파이의 위협은 점차 증가하고 있다. 경제스파이(economic espionage) 또는 산업스파이(industrial espionage)란, 외국, 외국 기업, 단체 또는 개인이 불법적으로 또는 은밀하게 재정적, 영업상, 경제적 정책에 관한 정보 또는 기술을 획득하기 위한 활동을 말한다.1) 산업스파이는 막대한 자금을 투자하여 개발한 기술 등을 훔침으로써, R&D 과정을 생략한 채 첨단 기술력을 향유케 하는 반면, 피해기업은 막대한 경제적 손실을 입게 되는 결과를 낳는다.2) 오늘날 기업의 주요

---

1) Melanie Reid, A Comparative Approach to Economic Espionage: Is Any Nation Effectively Dealing with this Global Threat? 70 U. Miami L. Rev. 760 (2016).

정보가 디지털화 되어, 인터넷이 연결된 곳이라면 그 어느 곳으로든지 단지 버튼 하나를 누름으로써 전송할 수 있고, 기업의 컴퓨터 시스템은 전 세계적인 해커들의 공격 대상이 되고 있다.3) 오늘날의 첨단 과학기술을 갖추고 조직화된 해커들은 오랜 동안 기업의 컴퓨터시스템을 뚫고 들어가 지속적으로 모니터링하면서, 기업의 기술개발계획, 중요한 작업공정, 실험결과, 사업계획, 그리고 이메일 등 기업의 핵심정보들을 빼내고 있다.4)

이하에서는 최근 미국에서의 산업스파이의 실태와 이에 대한 법적 대응방안을 살펴봄으로써, 우리나라 법정책의 참고자료로 활용될 수 있길 기대한다.

II. 미국에서의 산업스파이의 위협

영업비밀의 침해로 인한 미국의 경제적 손실이 매년 약 3~4

---

2) Carl Pacini & Raymond Placid, The Importance of State Trade Secret Laws in Deterring Trade Secret Espionage, 7 Buff. Intell. Prop. L.J. 101, 102 (2009). 윤종행, "영업비밀보호에 관한 형사법적 쟁점과 최근판례의 동향," 법학논집(이화여대), 제19권 제1호(2014. 9), 110면 참조.
3) Eric M. Dobrusin & Ronald A. Krasnow, Intellectual Property Culture: Stratigies to Foster Successful Patent and Trade Secret Practices in Everyday business 234 (2008); Zoe Argento, Id. at 190, 191.
4) Zoe Argento, Killing the Golden Goose: The Dangers of Strengthening Domestic Trade Secret Rights in Response to Cyber-Misappropriation, 16 Yale J. L. & Tech. 195 (2013-2014).

천억 달러에 이를 것으로 추산된다고 한다.5) 2010년에는 한 화학 연구원이 4억 달러 가치의 영업비밀을 훔쳐서 중국 대학에 넘긴 바 있고, 2011년에는 포드(Ford)사의 전 직원이 5천만 달러 가치의 4천개가 넘는 서류를 카피하여 하드 드라이버에 저장한 바 있으며, 2012년에는, GM(General Motors)사의 전 직원이 하이브리드 자동차에 관한 영업비밀을 중국의 자동차 회사에 넘기려다 적발되어 유죄판결을 받은 바 있다.6)

위에서 언급한 바와 같이, 기업의 전·현직 종업원을 뇌물로 매수하여 중요한 영업비밀을 획득하는 전통적 방식만이 아니라, 오늘날 기업 정보의 디지털화로 인하여 해킹 등 인터넷과 컴퓨터를 이용한 정보의 부정취득이 용이함으로 인하여, 회사의 혁신적 기술, R&D 관련 정보 등 다양한 형태의 영업비밀이 산업스파이에 무방비로 노출되기 일쑤이다. 그럼에도 불구하고 보통 사람들은 직접적인 피해를 경험하기 전까지는 이에 대한 심각성을 인지하지 못하는 것이 현실이다. "수많은 미국의 기업들이 막대한 자금을 들여 R&D에 투자하여 개발한 영업비밀이 공짜

---

5) Adam Cohen, Securing Trade Secrets in the Information Age: Upgrading the Economic Espionage Act After United States v. Aleynikov, 30 Yale J. on Reg. 192 (2013); David Cotriss, Blame Game: Cyber Espionage, SC Magazine (Nov. 1, 2013); Mcafee Center for Strategic and Int'l Studies, Net Losses: Estimation the Global Cost of Cybercrime (2014).
6) Shreya Desai, Shhh! It's a Secret: A Comparison of the United States Defend Trade Secrets Act and European Union Trade Secrets Directive, 46 Ga. J. Int'l & Comp. L. 482 (2019).

로 중국으로 흘러들어가고 있다"고 말하기도 한다.7) 2018년 3월 22일에 미국의 트럼프 대통령은 중국으로부터 수입하는 물품에 대하여 600억 달러에 이르는 일방적 관세를 부과하겠다고 선언하였는데, 이는 중국이 미국의 지적 재산권을 부당하게 취득하는 것에 대한 보복적 성격을 갖고 있다고 한다.8)

미국에서는 이와 같은 산업스파이의 위협에 대응하여, 현재 두 가지 방향에서 대응하고 있다. 첫째로는, 기업의 종업원에게 교육 및 훈련 프로그램을 통하여 영업비밀의 부정취득을 방지하기 위한 노력이고, 다른 하나는, 연방차원의 법을 시행하여 위반자를 처벌하는 방식이다.9) 미국 연방 수사국(FBI)은 산업스파이에 대한 수사만이 아니라, 기업이나 대학이 산업스파이로 인한 피해의 규모를 인식케 하기 위하여 세미나, 토론회, 훈련프로그램, 영상물의 제작 등의 노력을 지속적으로 기울여 오고 있다.10)

---

7) Melanie J. Teplinsky, "Fidding on the Roof: Recent Developments in Cybersecurity," 2 Am. U. Bus. L. Rev. 259 (2013).
8) Stephen Garvey, Resolving US-China IP Disputes through the WTO: A Legal Alternative to Unilateral Sanctions, 2018 B.C. Intell. Prop. & Tech. F. 1 (2018).
9) Melanie Reid, A Comparative Approach to Economic Espionage: Is Any Nation Effectively Dealing with this Global Threat? 70 U. Miami L. Rev. 766 (2016).
10) Melanie Reid, Id. at 767.

III. 종래 미국의 산업스파이 관련법제

1. 미국의 영업비밀 보호법제 개요

산업스파이와 관련한 법제를 거슬러 올라가 보면, 미국에서는 19세기 주(州)의 보통법에서 비롯되었다. 1937년 메사추셋츠 주의 법원에서는 비밀 정보의 제한적 보호가 쟁점화 되기 시작하였다. 그 후 1939년까지 American Law Institute(ALI)는 불법행위법(First Restatement of Torts)[11]에서 영업비밀법의 원리를 보편적으로 인정하였다. 그 후 1979년에 ALI는, 전 미국에서 통일적으로 적용되는 Uniform Trade Secrets Act(UTSA)를 제정하였다.[12] 1985년에 개정된 후 UTSA는 오늘날 뉴욕주와 메사추셋츠주를 제외한 미국의 모든 주에서 채택됨으로써, 가장 많이 보편적으로 적용되는 영업비밀보호법으로 기능하고 있다. 그리고 영업비밀을 담고 있는 5천 불 이상의 가치가 있는 부정한 물건을 외국에 전달하는 등으로 누설하는 경우는, NSPA법(National Stolen Property Act)에 따라 처벌될 수 있다.[13] 또한 해킹을 통한 영업비밀의 침해에 적용될 수 있는 CFAA법(Computer Fraud and Abuse Act)을 1984년에 제정하여 시행하

---

11) Restatement (First) of Torts §§757-59 (1939).
12) 18 U.S.C. §1905 (2006 & Supp. 2008).
13) 18 U.S.C. §2314 (2006).

여 오고 있는데, 회사의 컴퓨터 전자정보형태의 영업비밀을 권한 없이 또는 허용된 범위를 초과하여 접속한 경우에 민·형사책임을 부여하고 있다.14)

그런데 영업비밀 침해 사건의 대부분은 기업의 종업원이나 거래처와 관련된 내부자에 의하여 범해진 것이었다고 한다.15) 그리고 미국에서의 영업비밀에 대한 법적 보호에 관하여는, 특허권, 상표권, 저작권 등과는 달리 주로 연방법이 아닌 주법이 적용되고 있다.16) 1996년에 연방차원의 산업스파이법으로서 제정된 EEA가 적용되는 경우는 많지 않았고, 영업비밀 침해사건이 법정에서 문제되는 경우는 주로 주법에 근거하여 민사소송으로 다루어지고, 약 2% 정도가 주법에 근거한 형사소추가 이루어지고 있다고 한다.17) 연구결과에 의하면, 1995년부터 2009년까지 조사한 영업비밀 침해에 관한 미국의 주 법원 사건 358건 중 93%가 기업의 종업원이나 거래처와 관련된 내부자에 의하여 범해진 것이었고,18) 1950년부터 2008년까지 발생한 영업비밀

---

14) 18 U.S.C. §1030(a)(2)(c) (2012).; 윤종행, "해커로부터 영업비밀의 보호방안-미국에서의 논의를 중심으로-," 법학논총(조선대), 제22집 제1호(2015), 277-273면 참조.
15) Zoe Argento, Killing the Golden Goose: The Dangers of Strengthening Domestic Trade Secret Rights in Response to Cyber-Misappropriation, Id. at 220-223.
16) David S. Almeling, et al., Id. at 291, 306.
17) Zoe Argento, Id. at 177, 178.
18) O'Melveny & Myers LLP의 변호사들이 수행한 연구이다. David S. Alemling, et al., Id. at 293.

침해사례로서 조사된 연방사건 394건 중에서 85%가 내부자에 의한 것이었다고 한다.19)

2. 경제스파이법(EEA)의 시행

(1) 개설

1996년 빌 클린턴 대통령이 경제스파이법(Economic Espionage Act: EEA)에 서명함으로써, 미국의 FBI는 경제스파이에 합법적으로 대처할 수 있게 되었다. 이전의 영업비밀의 보호는 원래 주법에 의하여 형성된 것이지만, 연방법에 의하여도 형사책임이 부과될 수 있게 된 것이다. EEA법 이전에는, 몇몇의 연방법으로서 예컨대 "Mail and Wire Fraud"법이라든가 "Interstate Transportation of Stolen Property"법 등으로 영업비밀의 부정취득 등을 규율하여 왔었다.20) 그런데 미국 연방대법원이 영업비밀을 재산권(property) 개념에 포함키지 않음으로써 수많은 사건을 소추하지 못하였었다.21) 이후로 EEA법을 통하여 부정하게 획득한 영업비밀의 절취, 복사, 분배, 판매, 수령 등을 형사처벌할 수 있게 되었다.22) 그 이후로 EEA법은 영업비밀의 침해에 대한 벌금을 증

---

19) Zoe Argento, Id. at 220-223.
20) 18 U.S.C. § 1837 (2012).
21) Dowling v. United States, 473 U.S. 207, 215-18 (1985).
22) 18 U.S.C. §1832 (2006). 이 경우 피고인은 독립적 개발(Independent

가하여 왔다. 개인의 경우는 50만 불에서 5백만 불로, 단체나 기업의 경우는 1천만 불에서 1천만 불 또는 침해된 영업비밀 가치의 3배까지에 이를 수 있도록 하였다. 이는 의회가 얼마나 영업비밀의 부정취득을 심각하게 다루어 왔는지를 보여준다.[23] EEA법상의 영토적 적용범위는 매우 넓다. 미국 내에서 발생하는 모든 영업비밀의 부정취득 행위뿐만이 아니라 외국에서 발생한 경우에도, 위반자가 미국 국민이나 단체일 경우, 또는 위반행위에 기여하는 행위가 미국 내에서 이루어진 경우에는, 동법에 따라 규율하도록 되어 있다.[24]

1996년의 EEA법의 시행 이후 2013년까지, 영업비밀의 국외유출을 처벌하는 조항인 §1831에 따라 처벌된 예는 6건인데, 애당초 §1831위반으로 기소하지만, 피고인이 유죄협상제도(plea bargaining)에 따라 단순 영업비밀의 부정취득죄인 §1832 위반으로 처벌되는 것이 보통이기 때문에, 횟수가 많지 않게 된 것이라고 한다.[25] 이는 영업비밀의 부정취득을 처벌하는 조항인

Development), 리버스 엔지니어링(Reverse Engineering), 비밀성의 결여 (Lack of Secrecy) 등을 근거로 항변할 수 있다{ John R. Grimm, Stephen F. Guzzi, Kathleen Elizabeth Rupp, Intellectual Property Crimes, 47 Am. Crim. L. Rev. 749, 750 (2010).}. 미국에서의 영업비밀침해행위에 대한 법적 규율에 관하여는 윤종행 "해커로부터 영업비밀의 보호방안," 앞의 글, 276면 이하 참조.

23) Melanie Reid, Id. at 768.
24) 18 U.S.C. § 2314 (2012).
25) Melanie Reid, Id. at 770.

§1832는 외국의 후원 사실에 대한 입증을 요하지 않고, 법정최고형도 §1831 하의 15년이 아닌 10년이므로 기소가 보다 쉽게 이루어지기 때문인데, 2009년부터 2013년 사이에 영업비밀의 부정취득으로 유죄판결을 받은 건수가 60% 이상 증가하였다고 한다.[26]

EEA법은 UTSA(Uniform Trade Secrets Act)법에 비하여 영업비밀을 폭넓게 보호하는 면이 있다. 예컨대 UTSA에서는 금지하고 있지 않은 "리버스 엔지니어링(reverse engineering)"[27]을 EEA에서도 명시적으로는 금지하고 있지 않지만, 허락 없이 영업비밀을 "copying, duplicating, sketching, and altering"하는 것을 금지함으로써, 사실상 리버스 엔지니어링을 금지하는 결과가 되고 있고, 영업비밀을 UTSA에 비하여 재산권으로 파악함으로써 보다 강하게 보호하고 있다.[28] 또한 영업비밀의 요건으로서 UTSA는 "경쟁사에게 일반적으로 알려져 있지 않고, 쉽게 획득하여 활용할 수 있는"독립된 경제적 가치가 있을 것을 요건으로 함에 비하여, EEA는 경쟁사가 아닌 폭넓게 "일반"에게 알려져 있지 않을 것을 요건으로 한다는 점에서, 영업비밀을 보다 넓게

---

26) Melanie Reid, Id. at 772.
27) 다른 회사의 상품을 분해하여 그 생산방식을 알아낸 뒤 복제하는 것을 말한다. Adam Cohen, Securing Trade Secrets in the Information Age: Upgrading the Economic Espionage Act After United States v. Aleynikov, 30 Yale J. on Reg. 226, 227 (2013).
28) Zoe Argento, Id. at 224-232.

보호하고 있다. 그리고 민사적 구제를 추구하는 UTSA에 근거한 법적 분쟁은, 실제 영업비밀의 부정취득에 성공하지 못한 경우에 그 피해액을 입증하기 어려운 반면, EEA는 미수나 음모에 그친 경우에도 형사처벌의 대상이 되기 때문에, 피고인의 책임 범위가 범위가 보다 넓다는 점이다. 그리고 주법에서 주로 사용되는 "right holder"라는 개념 대신에, EEA에서는 "owner"라는 개념을 사용하고, "theft,""steal" 등의 개념을 사용하는 것은, EEA가 영업비밀을 UTSA에 비하여 재산권으로 파악함으로써 보다 강하게 보호하고 있는 것으로 이해된다.[29]

(2) EEA의 개정

미국에서 연방차원에서 산업스파이를 규제하는 형사법인 경제스파이법(EEA)에서, 산업스파이 관련 핵심조항은 다음과 같이 외국관련 산업스파이 처벌조항인 Section 1831과[30], 상업적 영업비밀의 부정취득을 처벌하는 일반조항인 Section 1832[31]이다. 그런데 2012년, 산업스파이의 처벌을 강화하는 방향으로 다음과 같이 이 두 조항이 개정되었다.[32]

---

29) Zoe Argento, Id. at 224-232.
30) 18 U.S.C. §1831.
31) 18 U.S.C. §1832.
32) 18 U.S.C. §1831.

1) Public Law 112-236: The Theft of Trade Secrets Clarification Act of 2012(TTSCA)

이는 기존의 조항이, 본조의 보호대상이 되는 영업비밀의 정의를 "다른 주 또는 외국 관련 상업을 위하여 생산되거나 유통에 놓여진 생산물과 관련된 영업비밀"로 했던 것을, 생산물만이 아니라 "서비스"를 포함하여 광범한 영업비밀의 보호대상으로 포섭케 하였고, 다른 주 또는 외국간의 상업에 "사용되었거나 사용될 것을 의도"한 경우로 구성요건을 완화하였다는 점이다.[33] 이는 United States v. Sergey Aleynikov 사건[34]에서와 같

---

33) 18 U.S.C. §1832.
(a) Whoever, with intent to convert a trade secret, that is related to a product or service used in or intended for use in interstate or foreign commerce, to the economic benefit of anyone other than the owner thereof, and intending or knowing that the offense will, injure any owner of that trade secret, knowingly—
(1) steals, or without authorization appropriates, takes, carries away, or conceals, or by fraud, artifice, or deception obtains such information;
(2) without authorization copies, duplicates, sketches, draws, photographs, downloads, uploads, alters, destroys, photocopies, replicates, transmits, delivers, sends, mails, communicates, or conveys such information;
(3) receives, buys, or possesses such information, knowing the same to have been stolen or appropriated, obtained, or converted without authorization;
(4) attempts to commit any offense described in paragraphs (1) through (3); or
(5) conspires with one or more other persons to commit any offense described in paragraphs (1) through (3), and one or more of such persons do any act to effect the object of the conspiracy,
  shall, except as provided in subsection (b), be fined under this title or imprisoned not more than 10 years, or both.

이, 처벌의 필요성이 있음에도 불구하고 엄격한 구성요건으로 인하여 처벌되지 않는다는 점에 대한 비판이 반영된 것이다.

2) Public Law 112-269: The Foreign and Economic Espionage Penalty Enhancement Act of 2012(FEEPEA)

이는 영업비밀의 부정취득, 전달 등의 스파이 행위가, 외국 정부, 외국 기관, 또는 외국의 관료에게 유익을 줄 것이라는 것을 의도하였거나 알고 행하여진 경우, 개인인 경우는 벌금이 최대 50만 달러에서 5000만 달러로 상향되었고, 기관인 경우에는 1000만 달러에서 1000만 달러 또는 문제된 영업비밀 가치의 3배 이상으로 법정형이 가중된 것이 핵심이다.35) 이는 이보다 먼

(b) Any organization that commits any offense described in subsection (a) shall be fined not more than $5,000,000.
34) United States v. Aleynikov, 676 F.3d 71 (2012).
35) 18 U.S.C. §1831.
(a) In General.— Whoever, intending or knowing that the offense will benefit any foreign government, foreign instrumentality, or foreign agent, knowingly —
(1) steals, or without authorization appropriates, takes, carries away, or conceals, or by fraud, artifice, or deception obtains a trade secret;
(2) without authorization copies, duplicates, sketches, draws, photographs, downloads, uploads, alters, destroys, photocopies, replicates, transmits, delivers, sends, mails, communicates, or conveys a trade secret;
(3) receives, buys, or possesses a trade secret, knowing the same to have been stolen or appropriated, obtained, or converted without authorization;
(4) attempts to commit any offense described in any of paragraphs (1) through (3); or

저 시행되어 온 영업비밀 보호법(UTSA)에 따라, 일반적인 비밀정보 누설에 해당하는 경우 1년 이하의 징역 또는 벌금을 과하는 것에 비하여 매우 무거운 형벌이다.36)

(3) EEA법 §1831에 의한 처벌 예37)

① United States v. Fei Ye & Ming Zhong(2006)

"NEC Electronics," "Sun Microsystems Inc.," "Transmeta Corporation" 등의 세 미국 기업의 영업비밀인 "Microchip blueprints"을, 중국의 사기업이 중국의 후원 하에 부정취득한 사례로, 1년의 징역형을 선고 받았다.

---

(5) conspires with one or more other persons to commit any offense described in any of paragraphs (1) through (3), and one or more of such persons do any act to effect the object of the conspiracy,
shall, except as provided in subsection (b), be fined not more than $5,000,000 or imprisoned not more than 15 years, or both.
(b) Organizations.— Any organization that commits any offense described in subsection (a) shall be fined not more than the greater of $10,000,000 or 3 times the value of the stolen trade secret to the organization, including expenses for research and design and other costs of reproducing the trade secret that the organization has thereby avoided.

36) 18 U.S.C. §1905 (2006 & Supp. 2008).
37) Melanie Reid, A Comparative Approach to Economic Espionage: Is Any Nation Effectively Dealing with this Global Threat? 70 U. Miami L. Rev. 770 (2016).

② United States v. Xiaodong Meng(2006)

미국 기업 "Quantum 3D, Inc."의 영업비밀인 "nVSensor"를, "Royal Thai Air Force," "Royal Malaysian Air Force," "China's Navy Research Center"가 태국, 말레이시아, 중국의 후원 하에 부정취득한 사례로, 24개월의 징역형을 선고 받았다.

③ United States v. Dongfan "Greg" Chung(2011)

미국의 저명한 회사 "Boeing"의 영업비밀인 "Avian Technologies"을, "China Aviation Industry Corp"가 중국의 후원 하에 부정취득한 사례로, 188개월의 징역형과 3년의 보호관찰을 선고 받았다.[38] 중국계 미국인 Dongfan "Greg" Chung이, 자신이 근무하는 Boeing사와 Rockwell사의 영업비밀을 중국정부에 팔아넘기기 위하여 개인적으로 집에 보관하다가 발각된 사건이다.[39]

④ United States v. Kexue Huang(2011)

미국 기업 "Dow Agro Sciences"와 "Cargill Inc."의 영업비밀인 "Biochemicals"를, "Chinese University"가 중국과 일본의 후원 하에 부정취득한 사례로, 87개월의 징역형과 3년의 보호

---

38) United States v. Chung, 659 F.3D 815 (9TH CIR. 2011).
39) 윤종행, "산업스파이에 관한 미국의 최근판례와 입법의 동향," 앞의 글, 488면 이하 참조.

관찰을 선고 받았다.

⑤ United States v. Elliot Doxer(2011)

미국 기업"Akamai Technologies, Inc."의 영업비밀인 "고객과 직원의 목록과 연락처 등의 고객정보"를 이스라엘 정부가 부정취득한 사례로, 6개월의 징역형과 2년의 보호관찰, 그리고 25,000불의 벌금형을 선고 받았다.

⑥ United States v. Walter Liew, & USA Performance Technology, Inc.(2014)

미국 기업 "E.I. du Pont de Nemours & Company(DuPont)"의 영업비밀인 "Titanium Dioxide"을, "Pangpang Group Limited Company"가 중국의 후원 하에 부정취득한 사례로, 15년의 징역형과 511,667불의 벌금형을 선고 받았다.

(4) EEA의 평가

1) 총설

영업비밀을 빼내려는 외국의 산업스파이로부터 미국의 기업과 경제를 보호하기 위하여 미국에서 1996년부터 시행되고 있는 경제스파이법(EEA)은, 대체로 실효적이지 못하였다는 평가를 받고 있다. 1996년부터 2002년까지 6년 동안 발생한 EEA법 위반 사건은, 대부분 "일반적 영업비밀부정취득(general trade secrets theft)"을 처벌하는 EEA 제1832조 위반 사건으로 알려지고 있다.40) 그동안 형사처벌의 대상이 되는 산업스파이에 대한 수사를 미국 법무부(DOJ)와 연방수사국(FBI)에서 수행하였고, 1996년부터 2009년까지 미국에서 영업비밀 침해를 근거로 기소된 사건이 100건이 넘는다. 그런데 그중에 9건만이 외국관련 산업스파이를 처벌하는 조항인 EEA 제1831조(18 U.S.C. §1831) 위반 사건이고,41) 그중에서 6건만이 유죄판결을 받았다고 한다.42)

이에 대하여서는, 미 의회에서 입법당시 EEA 제1831조를 너무 좁게 규정하였고, 법원에서도 지나치게 엄격하게 이 조항을 해석하기 때문이라는 비판이 있다. 법원에서 EEA 제1831조의 구성요건의 해석에 있어서 경제적 이익, 고의 등의 요건을 매우 좁게 해석하여 검사들의 소추를 어렵게 하고 있으므로, EEA를 개정하여 부정하게 취득한 영업비밀을 외국에 전달한 경우에는,

---

40) Michael L. Rustad, The Negligent Enablement of Trade Secret Misappropriation, 22 Santa Clara Computer & High Tech. L.J. 455, 458 (2006).
41) Mark L. Krotoski, Common Issues and Challenges in Prosecuting Trade Secret and Economic Espionage Act Cases, 57 U.S. Atty's Bull. 2, 7 (2009).
42) Robin L. Kuntz, How Not to Catch A Thief: Why the Economic Espionage Act Fails to protect American Trade Secrets, 28 Berkeley Tech. L.J. 901 (2013).

외국의 이익을 도모할 의도 유무와 무관하게 처벌하도록 하여야 한다고 주장한다. 즉 산업스파이를 범하는 자가 자신의 행위가 영업비밀을 부정하게 취득하고 국외로 유출한다는 것을 인식한 경우에는, 외국의 이익을 가져온다는 것을 알았거나 의도하지 않았다고 하더라도 처벌하는 것이, 본래의 EEA 입법의도에 부합한다는 것이다.43) 나아가 산업스파이를 금하는 외국과의 조약을 체결하거나, 산업스파이를 지시한 외국의 국가기관을 직접 소추하는 것이 바람직하다는 주장도 있다.44) 또한 실제 영업비밀의 침해에 대한 신고를 하지 않는 경향이 문제점으로 지적되고 있다. 따라서 법으로 영업비밀의 침해사실을 신고하지 않는 경우 민·형사 책임을 부과하고, 그와 같은 사실에 대한 신고자에게는 면책하고(Whistleblower defense) 고용주의 보복으로부터 지키는 등의 보호를 하는 방향으로, 경제스파이법을 개정하여야 한다는 의견도 제시되고 있다.45)

2) 연방법상 영업비밀 피해자의 민사 소추권 부여 논란

정치권을 중심으로 하여 영업비밀보호를 법적으로 강화

---

43) Robin L. Kuntz, Id. at 901, 902, 930.
44) Robin L. Kuntz, Id. at 931, 932.
45) David Orozco, Amending the Economic Espionage Act to Require the Disclosure of National Security-Related Technology Thefts, 62 Cath. U. L. Rev. 881, 882 (2013).

해야 한다는 주장에 편승하여, 의회에서는 이미 형법적으로 영업비밀 보호를 강화하는 입법을 시행하였고, 연방 민사법 차원에서도 영업비밀보호를 강화하는 움직임을 보여 오고 있다.46) 미국에서 지적재산권법 영역에서 유일하게 영업비밀에 관한 법만이 연방법상 영업비밀 피해자에게 민사 소추권을 부여하고 있지 않은데, 연방법상 영업비밀을 부정하게 침해당한 기업에게도 민사 소추권을 부여함으로써, 영업비밀을 한 층 더 보호하여야 한다는 주장이 제기되고 있다. 영업비밀보호에 관한 일반법인 UTSA가 두 개 주를 제외한 전 미국에서 적용되지만 주별로 약간씩 차이가 있기 때문에, 다른 주에 걸쳐 영업을 하는 기업들은 개별 주의 영업비밀보호에 관한 규정들을 조사하는데 시간과 돈을 들여야 하고, 침해사례가 발생시 특히 사이버상의 침해일 경우에는 행위지와 결과발생지 등을 확정하는 것이 쉽지 않을 뿐만 아니라, 섭외사법상의 문제를 따져야 하는 번거로움이 있으므로, 이에 대하여 모든 주에 적용되는 연방 민사법을 필요로 한다는 것이다.47)

---

46) Defend Trade Secrets Act of 2014, S. 2267, 113th Cong. (2014); Private Right of Action Against Theft of Trade Secrets Act of 2013, H.R. 2466, 113th Cong. (2013); Protecting American Trade Secrets and Innovation Act of 2012, S. 3389, 112th Cong. (2012); Cyber Economic Espionage accountability Act, S. 1111, 113th Cong. (2013), etc..
47) Zoe Argento, Killing the Golden Goose: The Dangers of Strengthening Domestic Trade Secret Rights in Response to Cyber-Misappropriation, Id. at 207-213.

IV. 미국의 신 영업비밀보호법(DTSA)

1. 총설

이상에서 본 바와 같이, 미국 정부는 그동안 경제스파이의 심각성을 인식하면서 다각도로 법적 대응책을 모색해 오고 있으나, 산업스파이로 인한 피해와 위협은 계속되고 있다. 산업스파이로부터 영업비밀 보호를 더욱 강화하기 위한 EEA의 개정에 그치지 않고, 미국 의회는 2016년 새로운 영업비밀보호법(DTSA)[48]을 통과하였고, 바로 오바마 대통령이 싸인함으로써 발효되었다. 이는 1996년에 제정된 경제스파이법(EEA)[49]을 수정보완한 것이다. 그동안 강하게 제기되어 온 주장을 반영하여, 영업비밀침해에 대하여 연방법원에 민사소송을 제기할 수 있도록 하였는데, 최근의 지적재산권법 분야의 획기적 발전으로 평가되고 있다.[50]

무엇보다도, 종래의 주법원에서 적용해오던 UTSA[51]을 배제하지 않으면서도, 영업비밀을 침해당한 피해자가 영업비밀의 유

---

48) The Defend Trade Secrets Act.
49) The Economic Espionage Act. EEA법의 보다 자세한 내용은 윤종행, "산업스파이에 관한 미국의 최근판례와 입법의 동향," 앞의 글, 480면 이하 참조.
50) Peter J. Toren, The Defend Trade Secrets Act, 28 No.7 Intell. Prop. & Tech. L.J. 3 (2016).
51) The Uniform Trade Secrets Act.

포나 전파를 방지하기 위하여 필요한 경우에는, 사전 예고 없이 일방적으로 컴퓨터나 휴대폰 등과 같은 영업비밀침해 관련 목적물을 압수할 수 있도록 한 점이 특징이다.[52] 이는 특히 국외유출을 방지하는데 매우 유용한 것으로서, 영업비밀 보유자에게 주어지는 특별히 강력한 구제수단이라고 평가할 수 있다.[53] 다만 이와 같은 일방적 압수를 허용하는 것은, 근로자들의 자유로운 이직을 방해함으로서 노동시장의 유동성을 침해한다는 지적이 있다.[54]

DTSA법에서의 영업비밀의 개념도, 종래의 EEA법보다도 UTSA법에 보다 가까운 것으로서 매우 폭넓게 정의되고 있다. 동법상의 영업비밀로 보호받기 위하여서는, 어떠한 정보가 타인에게 알려지거나 확인되지 않은 것이기에 이를 누설하거나 활용함으로써 경제적인 가치를 얻을 수 있는, 실제로 비밀로서의 성격을 갖는 것이고, 영업비밀의 보유자가 비밀성을 유지하기 위하여 합리적인 조치를 취하였어야 한다.[55] 그리고 그러한 정보의

---

[52] Peter J. Toren, Id. at 3.
[53] 18 U.S.C. § 1836(b). Peter J. Toren, Id. at 6.
[54] Stephen D. Levandoski, To Seize the Initiative: Assessing Constitutional Due Process Challenges to the Defend Trade Secrets Act's Ex Parte Seizure Provision, 93 N.Y.U. L. Rev. 900-902 (2018).
[55] 무엇이 비밀성을 유지하기 위한 합리적인 조치인지는 해당 정보가 어떠한 지식과 산업의 분야인지에 따라 현저한 차이가 있을 수 있는데, EEA법 하에서는 무엇이 합리적인 조치인지에 대하여 규정하고 있지 않다. 실수로 영업비밀이 유출된 경우, 그러한 정보의 유출이 비밀성을 상실케 하는지에 대한 심사에 초점이 집중되는데, 이는 영업비밀의 보유자

비밀성으로부터 독립적인 경제적인 가치가 있는 것이라면 무엇이든지, 어떠한 형태로 저장되었는지 즉 물리적, 전자적, 그래픽, 또는 사진의 형태이든지 상관없다. 또한 그 정보가 재정적, 사업적, 과학적, 기술적, 경제적인 것인지를 묻지 않고 이 법의 보호대상이 된다.56) 뿐만 아니라 개별적인 정보가 비밀성이 없을지라도, 이들을 독창적으로 효과적, 성공적이면서 가치 있게 조합한 것이라면 비밀성이 인정되어 영업비밀로서 보호될 수 있다. 또한 비밀성의 정도에 있어서도, 그 정보가 이를 활용하거나 누설함으로써 경제적 가치를 얻을 수 있는 사람에게 일반적으로 알려진 것인지를 기준으로 판단한다. 즉 영업비밀 보유자의 경쟁자가 실제로 비밀을 알았거나 쉽게 발견할 수 있는 것인지에 초점을 두고 있다는 점에서, UTSA법 하에서의 적용기준과 같이 영업비밀의 개념이 EEA법보다 넓게 규정되었음을 알 수 있다.57)

영업비밀의 부정유용(misappropriation) 개념도 UTSA법에 가깝다. 영업비밀의 유출(disclosure)도 부정유용에 해당한다는 점을 명확히 하였는데, 이를 명시하지 않은 EEA법과 다른 점이다.58) 다만 EEA법이나 UTSA법과 마찬가지로, 리버스 엔지니어

가 비밀성을 유지하기 위한 합리적인 조치를 취하였는지가 관건이 된다. 예컨대, 실수로라도 인터넷에 정보를 게시하였다면 비밀성을 잃게 된다 (Peter J. Toren, Id. at 5.).
56) 18 U.S.C. § 1839(3).
57) Peter J. Toren, The Defend Trade Secrets Act, Id. at 5.
58) 18 U.S.C. § 1839(b)(5).

링(reverse engineering), 독자적 도출(independent derivation), 또는 그 밖의 합법적 수단에 의한 취득의 경우 등은 명시적으로 이에 포함시키고 있지 않다.59)

2. DTSA의 사적인 압수 허용

위에서 언급한 DTSA법상의 사적 압수제도를 살펴보면, 영업비밀을 침해당한 피해자가 영업비밀의 유포나 전파를 방지하기 위하여, 필요한 경우에 사전 예고 없이 일방적 소송으로서 영업비밀침해 관련 목석물을 입수힐 수 있는 경우는, 다음과 같은 요건을 갖춘 예외적인 경우에 국한된다.60)

(1) 압수 허용 요건

첫째, 종래의 연방 민사소송절차법61)이나 그 밖의 민사절차에 의한 금지명령 등의 정당한 구제가 적당하지 않음을 원고가 보여야 한다.

둘째, 영업비밀의 보유자는 압수명령이 허용되지 않으면 즉

---

59) 18 U.S.C. § 1839(b)(6)(B).
60) 윤종행, "최근 미국의 산업스파이에 대한 법적 대응방안," 법학연구(충남대), 제27권 제3호(2016), 254면.
61) Rule 65 of the Federal Rules of Civil Procedure.

각적으로 회복할 수 없는 피해를 입을 것임을 보여야 한다.[62] 그런데 대부분의 경우, 영업비밀이 유출되면 영업비밀이 가치가 없어지게 되고 돌이킬 수 없는 피해를 입을 것이기 때문에, 이에 대한 입증이 문제될 소지는 적다고 볼 수 있다.[63]

셋째, 영업비밀의 부당한 침해로 인한 피해가, 영업비밀 관련 목적물에 대한 압수 상대방의 적법한 이익에 대한 피해보다 커야 하고, 압수명령으로 인한 제3자에 대한 피해보다 상당히 크다는 점을 영업비밀 보유자가 보여야 한다.[64] 여기서 두 번째 요건이 매우 중요한데, 그 이유는 영업비밀 침해자인 전 종업원이 영업비밀을 새로 취업한 회사로 가져가려 한 경우, 새 고용주는 이에 대하여 전혀 알지 못하고 영업비밀의 부정이용과 아무 관련이 없을 수 있음에도 불구하고, 영업비밀 침해자를 고용한 사실만으로 새 고용주의 사업이 정지될 수도 있기 때문이다.[65]

넷째, 압수 청구인은 대상 정보가 영업비밀에 해당하고 침해자가 부당한 방법으로 영업비밀을 부정이용 하였거나, 부정이용 하기 위하여 부당한 방법을 사용할 것을 모의하였음을 보여야 한다.[66]

---

62) 18 U.S.C. § 1836(b).
63) Peter J. Toren, Id. at 6.
64) 18 U.S.C. § 1836(b)(2)(A).
65) Peter J. Toren, Id. at 6.
66) 18 U.S.C. § 1836(b)(2)(A)(i)(IV)(aa)(AA), 1836(b)(2)(A)(i)(IV)(aa)(BB).

다섯째, 영업비밀의 보유자는, 압수 상대방이 대상물과 영업비밀에 대한 점유를 하고 있음을 보여야 한다.67)

여섯째, 압수 청구인은, 압수대상 목적물과 영업비밀의 소재를, 정황상 합리적인 정도로 상당히 구체적으로 특정하여68) 서술하여야 한다.69)

일곱째, 영업비밀 보유자는, 청구인의 사적 압수방식이 아니라 공식적으로 사전 통고절차를 밟아 진행한다면, 압수명령의 상대방이 영업비밀을 파괴하거나 옮기거나 또는 법원이 영업비밀을 입수하지 못하게 만들 수 있음을 보여야 한다.70)

여덟째, 만약 영업비밀 보유자가 요청한 압수 사실을 공개한 경우에는, 사적 압수가 허용될 수 없다.71)

(2) 압수 명령의 내용

압수명령의 내용으로서 다음과 같은 6가지 요건을 충족하여야 한다.72) ① 명령에 필요한 사실의 발견과 법적 결론의 제시, ② 목적달성에 필요한 최소한의 압수, ③ 제3자에 대한 영업방해를 최소화할 수 있는 압수방식과, 영업비밀의 부정이용으로

---

67) 18 U.S.C. § 1836(b)(2)(A)(V)(aa), 1836(b)(2)(A)(V)(bb).
68) resonable particularity.
69) 18 U.S.C. § 1836(b)(2)(A)(VI).
70) 18 U.S.C. § 1836(b)(2)(A)(VII).
71) 18 U.S.C. § 1836(b)(2)(A)(VIII).
72) 18 U.S.C. § 1836(b)(2)(B).

고발된 피의자의 합법적인 영업활동을 방해하지 않는 범위로 제한, ④ 압수 집행 공무원의 권한73)을 명확히 획정할 수 있는 지침의 제공, ⑤ 압수명령이 발효된 후 7일 이내에 청문절차를 제공하고, 압수명령의 상대방에게 명령의 무효화나 변경을 요청할 수 있는 권한의 허용, ⑥ 부당하거나 과잉 압수로 인한 피해에 대한 변상에 적합한 보증금의 제공 등이 명시되어야 한다.

(3) 그 밖의 압수 상대방 보호조항

DTSA법은 아울러 압수상대방을 보호하기 위한 다음과 같은 규정을 두고 있다. 우선, 법원은 압수명령의 청구인이 압수명령에 관한 공표를 하지 못하게 함으로써, 압수상대방을 보호하기 위한 적절한 조치를 하여야 한다.74) 그리고 압수물은 법원의 관리 하에 비밀성을 유지하고 외부유출을 막도록 하고, 압수목적과 관련성이 없는 압수물을 분리하여 반환할 수 있도록 하는 등의 조치를 하여야 한다.75) 또한 법원은 압수에 대한 부담을 최소화하고 효과적인 압수집행을 돕게 하기 위하여, 기술 전문인을 압수절차에 참여하게 할 수 있다.76)

---

73) 예컨대 압수 허용되는 시간, 잠금장치가 된 영역에 접근하기 위하여 물리적 강제력을 사용할 수 있는지 등{(18 U.S.C. § 1836(b)(2)(B)(iv)}.
74) 18 U.S.C. § 1836(b)(2)(C).
75) 18 U.S.C. § 1836(b)(2)(D),18 U.S.C. § 1836(b)(2)(E).
76) 18 U.S.C. § 1836(b)(2)(E).

3. 구제 제도

(1) 구제명령

DTSA는 영업비밀에 대한 현실적 또는 협박성의 부정이용을 방지하기 위하여, 금지명령 구제를 명시적으로 인정하고 있다. 영업비밀 보유자가 금지명령 형식으로서의 구제를 받기 위해서는, 금지명령이 고용계약 체결을 방해하지 않고, 그와 같은 고용계약의 조건이 증거나 협박성의 부정이용에 근거를 둔 것이고, 단지 구직자가 어떠한 정보를 알고 있다는 이유만이 아닐 것, 주 법에 특별한 허용 조항이 없을 것 등을 요건으로 한다.77) 이와 같은 금지명령의 제한적 요건은, 영업비밀의 보유자가 전 종업원이 합법적으로 경쟁회사에 취업하려는 것을 방해하지 못하게 하려는 의도를 갖고 있다. 법원은 또한 금지명령 외에도 영업비밀의 보호를 위한 적극적인 조치를 요구할 수도 있다.78)

(2) 손해배상

DTSA는 또한 영업비밀 침해로 인한 피해자에게 실손해, 실손해 산정에 계상되지 않은 영업비밀의 부정이용으로 인한 부당이익, 영업비밀의 부정이용이나 유출로 인한 합리적인 수준의

---

77) 18 U.S.C. § 1836(b)(3)(A)(i).
78) 18 U.S.C. § 1836(b)(3)(A)(iii).

로열티 등의 배상을 인정하고 있다.79) 또한 영업비밀이 의도적이고 사악하게 부정이용된 경우에는, 실손해액의 2배 이내의 징벌적 손해배상을 허용할 수 있다.80) 한편, 영업비밀의 부정이용 주장이 정황증거에 의하여 악의에 의한 것이라는 것이 입증된 경우, 금지명령의 중지청구나 이에 대한 반대가 악의에 의한 경우, 또는 영업비밀이 의도적이고 악의적으로 부정이용된 경우, 법원은 승소당사자에게 합리적인 수준의 변호사비용을 배상할 것을 허락할 수 있다.81)

4. 적용범위

DTSA는 기존의 EEA의 폭넓은 장소적 적용범위를 그대로 따르고 있다. 따라서 EEA 제1837조에 따라, 영업비밀 침해자가 미국인과 미국 영주권자일 경우, 미국 법에 의하여 조직된 단체일 경우, 또는 영업비밀 침해행위를 위한 행위가 미국 내에서 이루어진 경우 DTSA법이 적용된다. 그리고 미국 내에서 제품을 판매하는 외국 기업의 영업비밀이 침해당한 경우에도, 영업비밀의 부정이용이 미국 내에서 발생했다면 피해기업은 미국 법원에 제소할 수 있다. 또한 외국기업이라도 미국 내에서 영업비밀 침해행

---

79) 18 U.S.C. § 1836(b)(3)(B)(i).18 U.S.C. § 1836(b)(3)(B)(ii).
80) 18 U.S.C. § 1836(b)(3)(C).
81) 18 U.S.C. § 1836(b)(2)(D).

위를 한 경우에는, 동법에 따라 미국 내에서 기소될 수 있다.[82]

DTSA법의 시간적 적용범위는 EEA의 경우와 다르다. EEA의 형사소추 시효기간이 5년임에 비하여, DTSA는 영업비밀의 부정이용을 발견하였거나 합리적인 노력으로 발견할 수 있었던 때로부터 3년 내에 제소하여야 한다.[83]

결론적으로, DTSA의 적용범위는 매우 폭넓기 때문에, 기업의 종업원이 직장을 그만두거나 새로운 직장으로 이직할 경우 또는 기업에서 새로운 종업원을 고용할 경우에는, 보다 많은 경우 상황에 따라 영업비밀의 문제가 제기될 수 있게 되었다.[84]

5. 적용범위 밖의 행위

DTSA는 영업비밀의 부정이용에 '리버스 엔지니어링,[85]' "인디펜던트 디리베이션((independent derivation: 독자적 도출)," '그 밖의 합법적 수단에 의한 취득'은 포함되지 않음을 명시하고 있다.[86]

---

82) Peter J. Toren, Id. at 8, 9.
83) 18 U.S.C. § 1836(b)(6)(B).
84) 윤종행, "최근 미국의 산업스파이에 대한 법적 대응방안," 앞의 글, 258면.
85) 제품이 어떻게 만들어졌는지를 알아내기 위하여 분해하는 과정을 의미한다. "다른 회사의 상품을 분해하여 그 생산 방식을 알아낸 뒤 복제하는 것"이라고 정의 되기도 한다.
(http://endic.naver.com/search.nhn?sLn=kr&searchOption=all&query=Reverse%20engineering).
86) 18 U.S.C. § 1836(d).

6. 평가

　DTSA의 평가는 다각도로 검토되어야 할 것이지만, 앞으로의 시행을 통하여 그 효용성과 문제점들이 거론될 것으로 예상할 수 있다. 무엇보다도 영업비밀의 부정취득과 이용으로 인한 피해기업의 막대한 경제적 손실을 고려한 절차적 사후구제수단을 한층 강화했다는 면에서, 미국의 산업스파이에 대한 강력한 대응의지를 읽을 수 있다.[87] 다만 최근의 한 연구에 의하면, 2016년 이후 DTSA의 1년간 시행을 경험적으로 분석한 결과, 영업비밀 침해에 대한 주법상의 권리구제수단과 연방법상의 수단이 겹침으로써 통일적인 규율이 되고 있지 않다는 점과, 잠재적으로 노동의 유동성과 정보의 확산에 부정적인 영향을 줄 수 있다는 점, 그리고 사이버산업스파이에 대하여 직접적 규율을 할 수 있는 입법적 보완이 필요하다는 지적이 있다.[88]

　우리나라의 경우를 보면, "부정경쟁방지 및 영업비밀보호에 관한 법률"제10조(영업비밀 침해행위에 대한 금지청구권 등)에서, 영업비밀의 보유자가 영업비밀 침해행위를 하거나 하려는 자에 대하여 그 행위에 의하여 영업상의 이익이 침해되거나 침해될 우려가 있는 경우에는, 법원에 그 행위의 금지 또는 예방을

---

87) 윤종행, "최근 미국의 산업스파이에 대한 법적 대응방안," 앞의 글, 259면.
88) David S. Levine & Christopher B. Seaman, The DTSA at One: An Empirical Study of the First Year of Litigation under the Defend Trade Secrets Act, 53 Wake Forest L. Rev. 156 (2018).

청구할 수 있도록 규정하고 있고, 영업비밀 보유자가 이와 같은 청구를 할 때에는 침해행위를 조성한 물건의 폐기, 침해행위에 제공된 설비의 제거, 그 밖에 침해행위의 금지 또는 예방을 위하여 필요한 조치를 함께 청구할 수 있다고 규정하고 있다.

또한 동법 제14조의4(비밀유지명령)에서는 영업비밀 침해행위로 인한 영업상 이익의 침해에 관한 소송에서, 그 당사자가 보유한 영업비밀에 대하여 일정한 사항을 소명한 경우에는, 그 당사자의 신청에 따라 법원의 결정으로 다른 당사자(법인인 경우에는 그 대표자), 당사자를 위하여 소송을 대리하는 자, 그 밖에 해당 소송으로 인하여 영업비밀을 알게 된 자에게, 그 영업비밀을 해당 소송의 계속적인 수행 외의 목적으로 사용하거나 그 영업비밀에 관계된 조항에 따른 명령을 받은 자 외의 자에게 공개하지 아니할 것을 명할 수 있다고 규정함으로써, 영업비밀 보호에 관한 절차법적 보호를 도모하고 있다.

보다 강화된 영업비밀보호를 위한 법적 장치를 마련하기 위하여서는, 우리나라의 부정경쟁방지 및 영업비밀보호에 관한 법률에도 미국의 DTSA법과 같은 규정을 보완하여, 영업비밀 침해자의 사적 압수청구제도와 손해배상에 관한 조항을 추가하는 것도 고려해볼만 할 것이다.[89]

---

[89] 윤종행, "최근 미국의 산업스파이에 대한 법적 대응방안," 앞의 글, 260면.

제3장 산업스파이에 관한 최근 미국의 판례 동향

I. 서

현대의 정보화 산업사회에서 기업들에게 정보와 영업비밀의 중요성은 점차 증가하고 있고, 회사들은 경쟁력의 핵심인 영업비밀의 보호를 위하여 진력하고 있다. 미국에서 연방법원의 영업비밀 관련 소송 건수가 1988년부터 1995년 사이에 두 배로 증가하였고, 이어서 1995년부터 2004년 사이에 다시 두 배로 증가한 것으로 알려지고 있다.1) 산업스파이는 오늘날 국가적 규모의 경제적 손실의 위협으로 받아들여지고 있다.2)

그런데 영업비밀이란 그야말로 비밀로서 공개시장에서 거래되는 것이 아니기 때문에 시장가격을 산정하기 곤란하여, 조사자들은 대개 피해기업들의 주장에 근거하여 피해액을 산출할 뿐

---

1) David S. Alemling, et al., A Statistical Analysis of Trade Secret Litigation in State Courts, 45 Gonz. L. Rev. 293 (2009-2010).
2) 윤종행, "산업스파이에 관한 미국의 최근판례와 입법의 동향,"강원법학, 제44권(2015), 479면.

만 아니라, 산업스파이로 인한 피해를 신고하지 않는 경우도 많기 때문에, 그로 인한 경제적 손실의 규모를 정확히 산정하기는 어렵다. 더욱이 영업비밀의 침해로 인한 피해는, 영업비밀을 부정취득한 자가 그 영업비밀을 어떻게 활용하여 경쟁기업에서 이용함으로써 피해기업과 경쟁적인 영업활동을 하느냐에 따라 피해규모가 달라진다는 점에서, 정확한 피해액산출에는 한계가 따른다. 그렇지만 2010년 미국 국가안보국장 Alexander 장군은,[3] 지적 재산권의 부정취득으로 인한 미국의 경제적 손실이 매년 2500억 달러 내지 3000억 달러에 이를 것이라고 말하였다. 2009년 오바마 대통령은, 사이버범죄로 인한 지적 재산권의 피해액이 매년 1조 달러에 이른다고 밝힌 바 있다.[4] 그리고 2011년부터 2012년까지 1년 동안, 산업스파이로 인한 미국의 경제적 손실이 130억 달러(약 14조 3000억원)를 넘는다는 통계 분석도 있다. 그리고 2013년 1월 14일 오바마 대통령은, 상원에 이어 하원에서도 통과된 "대외적 산업스파이 처벌강화법(Foreign and Economic Espionage Penalty Enhancement Act of 2012)"에 서명하였다.[5] 오늘날 산업스파이가 경제만이 아니라 국가의 안보

---

[3] Gen. Keith B. Alexander, Director, National Security Agency, Keynote Address at American Enterprise Institute: Cybersecurity and American Power (July 9, 2012).
[4] Zoe Argento, Killing the Golden Goose: The Dangers of Strengthening Domestic Trade Secret Rights in Rsponse to Cyber-Misappropriation, 16 Yale J. L. & Tech. 196-200 (2013-2014).
[5] Robin L. Kuntz, How Not to Catch A Thief: Why the Economic Espionage

를 위협하는 것으로 받아들여지고 있다.[6]

미국에서 1996년부터 시행되고 있는 경제스파이법(EEA)은 영업비밀을 침해하는 행위를 처벌하기 위한 최초의 연방법이지만, 이 법에 의하여 기소된 사례는 많지 않다고 한다. 이는 영업비밀침해 피해자가 효과적인 피해배상을 위하여 민사적 구제방법을 선호하기 때문인 것으로 이해된다.[7] 형사소추를 위하여서는, 모든 범죄요건에 관하여 합리적 의심의 여지가 없이 확실한 증거를 보여야 하는 입증책임이 검사에게 주어지는데, 이에 대한 충분한 증거를 제시하기가 쉽지 않고, 12명의 배심원에게 유죄를 확신케 하는 것이 부담으로 작용하지만,[8] 민사소송에서는, 이보다 수월하게"우월한 증거의 원칙(preponderance of the evidence)"이 일반적으로 적용되기 때문이다.[9]

Act Fails to protect American Trade Secrets, 28 Berkeley Tech. L.J. 901, 922 (2013).

6) 다만, 영업비밀의 부정취득이 언제나 기업의 손실을 가져오는 것은 아니고, 경우에 따라서는 국내기업간 경제스파이가 이루어지는 경우는 국가적 차원의 안보와는 무관하기 때문에 정치인들이 산업스파이를 국가안보와 직결시켜 지나치게 그 위험성을 강조하는 것은 타당하지 않다는 비판이 있다(Zoe Argento, Id. at 204, 205.).

7) Mark D. Seltzer & Angela A. Burns, Criminal Consequences of Trade Secret Misappropriation: Does the Economic Espionage Act Insulate Trade Secrets from Theft and Render Civil Remedies obsolete?, 1999 B.C. Intell. Prop. & tech. F. 052501, 052501-02 (1999).

8) James H.A. Pooley et al., Understanding the Economic Espionage Act of 1996, 5 Tex. Intell. Prop. L.J. 222 (1997).

9) Kelley Clements Keller & Brian M.Z. Reece, Economic Espionage and Theft of Trade Secrets: The Case for a Federal Cause of Action, 16 Tul. J. Tech.

분석에 의하면, 2012년까지 미국 법무부(DOJ)가 EEA 제1831조에 근거하여 기소한 사건 9건 중, 5건은 피고인이 유죄협상에서 유죄를 인정하였고, 3건만이 정식재판으로 갔다고 한다.10) 상대적으로 EEA 제1831조 사건이 많지 않지만, 2010년부터 2013년까지 EEA에 근거하여 기소된 경우가 많은 것은, 미국 법무부가 미국의 경제를 위하여 대외적 산업스파이로부터 미국 기업의 영업비밀을 보호하겠다는 단호한 의지를 보인 것으로 풀이된다.11) 미국에서 EEA 제1831조에 근거하여 정식재판에 회부된 3건의 판례를 살펴보면 다음과 같다.

II. United States v. Lee

이 사건은 피고인 Lee와 Ge가 함께, 경쟁적인 제품을 개발하는 독자적인 회사를 중국에 차리기 위하여 고용주로부터 영업비밀을 훔쳐, EEA 제1831조와 제1832조 위반혐의로 기소된 사건이다.12) 캘리포니아주 노던 디스트릭 법원(Northern District

---

    & Intell. prop. 25 (2013).
10) United States v. Chung, 659 F.3D 815(9TH CIR. 2011); United States v. Lee, No. CR 06-0424 JW, 2010 WL 8696087, at *1 (N.D. Cal. May 21, 2010); United States v. Jin, 833 F. Supp. 2d 977 (N.D. Ill. 2012).
11) Robin L. Kuntz, Id. at 907-909.
12) United States v. Lee, No. CR 06-0424 JW, 2010 WL 8696087, at *1 (N.D.

of California)의 James Ware 주심 판사는 2011년, 이 사건에서 검사는 비록 피고인들이 영업비밀의 부정취득을 범하였음을 밝혔지만, 피고인들이 외국 정부를 위한다는 것을 알았거나 의도하였다는 것을 입증하지 못하였다고 판단하였다. 또한 법원은 "외국정부를 위한다"는 요건이, 외국에 있는 회사를 운영함으로써 외국에 도움이 된다든가, 외국 정부의 현금 지원13)이 이루어진 회사를 설립하기 위하여, 영업비밀을 부정취득하였다는 사실만으로는 충족되지 않는다고 엄격히 해석하였다.14)

III. United States v. Hanjuan Jin

이 사건은 모토롤라(Motorola)사의 전 직원이 회사의 중요 기술관련문서들을 부정하게 취득하여 중국으로 가는 비행기에서 소지한 혐의로 기소된 사건이다.15) 2012년, 미국 일리노이주 노던 디스트릭 법원(Northern District of Illinois)의 Ruben Castillo 판사는, 비록 Hanjuan Jin이 영업비밀을 부정취득한

Cal. May 21, 2010).
13) 1986년 과학기술의 습득과 개발을 위하여 중국정부에 의하여 추진된 "863 program"임.
14) 윤종행, "산업스파이에 관한 미국의 최근판례와 입법의 동향," 앞의 글, 488면.
15) United States v. Jin, 833 F.Supp.2d 977 (ND Ill. 2012).

EEA 제1832조 위반에는 해당하지만, 그녀의 행위가 중국 정부를 위한다는 것을 알았거나 의도하였다는 점에 관하여, 합리적 의심의 여지가 없이 확실한 증거가 부족하다는 이유로, EEA 제1831조 위반을 인정하지 않았다.16)

IV. United States v. Chung

이 사건은 2011년, 미 연방법원 Nine Circuit이 EEA 제1831조 위반으로 유죄를 인정한 사례이다.17) 중국계 미국인 Dongfan "Greg" Chung이 자신이 근무하는 미국 보잉(Boeing)사와 Rockwell사의 영업비밀을 중국정부에 팔아넘기기 위하여 개인적으로 집에 보관하다가 발각된 사건이다. Dongfan "Greg"Chung은 중국에서 태어나 미국에 간 후 1972년에 미국시민이 되었고, 1964년부터 2006년까지 Rockwell사와 Boeing사에서 U.S. space shuttle 분야의 민간 기술자로서 근무하였다. 2006년 연방검사는, Chung의 집에서 중국정부의 공무원이 Chung에게 항공기와 우주선에 관한 정보를 요청하고 전에 Chung이 중국에 제공한 정보에 대하여 감사하는 내용의 편지 한 통을 발견

---

16) 윤종행, "산업스파이에 관한 미국의 최근판례와 입법의 동향," 앞의 글, 488면.
17) United States v. Chung, 659 F.3D 815 (9TH CIR. 2011).

하였다. 이어진 가택수색에서 우주 프로그램에 대한 정보의 수많은 리스트들과, 30만 페이지 이상의 Boeing사와 Rockwell사의 우주선과 Delta IV rocket 의 기술관련 서류 등이 발견되었고, 2008년 Chung은 EEA 위반으로 기소되었다. 영업비밀을 담고 있는 보잉사의 6개의 서류들을 소지한 혐의인데, 그 중 네 개는 Boeing사가 개발한 Columbia 우주선의 안테나에 관련된 것이고, 두 개는 Boeing사가 개발한 Delta IV rocket 관련이었다.[18)

제1심법원은, EEA 제1831조의 해석상 Chung은 산업스파이를 범한 것으로 판단하였고, 제2심인 Nine Circuit은, 1심의 판단이 옳다는 충분한 증거가 있다는데 만장일치하였다. Chung은 1980년대와 2001년에도 비슷한 영업비밀소지 행태를 보인 바 있는데, 그동안 마치 중국정부의 공무원과 같이 중국을 위하여 행동하였음이 명백하다고 보았다. 다만 문제의 여섯 개 문서 중에서 네 개의 우주선관련 문서가 영업비밀을 담고 있느냐의 판단에서, 영업비밀의 개념에 관한 EEA 제1839조의 해석상 영업비밀의 개념이 Uniform Trade Secrets Act(UTSA)에서 연유한 것이므로, "일반적으로 알려진 것이거나 일반인이 쉽게 알 수 있는 것이 아닐 것"[19)이라는 영업비밀의 요건에 해당하는지를,

---

18) 윤종행, "산업스파이에 관한 미국의 최근판례와 입법의 동향," 앞의 글, 489면.
19) "the requirement that the information be neither generally known to nor readily ascertainably by the public."

UTSA에 따라 "문제의 정보가 영업관련 잡지, 참고도서, 기타 출판물에 의하여 알 수 있는 내용"20)인지의 기준을 적용하여 판단하였다는 점이 특이점이다.

그런데 이와 같은 판례의 입장에 대해서는, 미국의 산업경쟁력과 국가 안보를 위하여는 EEA 제1831조를 해석함에 있어서 영업비밀의 개념을 독자적으로 폭넓게 해석하고 UTSA조항은 이를 보충하는 의미로 받아들여야 하는데, UTSA의 개별 조문을 원용함에 있어서 EEA의 범죄억지의도를 존중하고, EEA의 실효성이 훼손되지 않도록 하여야 한다는 비평이 제기되고 있다.21)

V. 시사점

이상에서 본 바와 같이 미국의 판례의 동향을 보면, 상대적으로 연방형법의 성격을 갖고 있는 EEA 제1831조 사건이 UTSA위반 사건에 비하여 많지 않지만, 최근에 EEA에 근거하여 기소된 경우가 늘어난 것은, 미국 법무부가 미국의 경제를 위하여 대외적 산업스파이로부터 미국 기업의 영업비밀을 보호하겠다는 강한 의지로 해석되고 있다. 그런데 영업비밀을 지나

---

20) "information is readily ascertainable if it is available in trade journals, reference books, or published materials."
21) 125 Harv. L. Rev. 2181, 2184, June, 2012.

치게 보호하게 되면 기업의 획기적 혁신의 혜택을 사회일반이 공유하는 것을 제한한다는 측면과, 고용시장의 유동성을 저해할 수 있다는 측면이 지적되고 있다. 그러나 오늘날 전 세계적으로 산업스파이의 폐해에 대한 심각성이 보편적으로 인식되고 있고, 사회 발전의 원동력이 되는 기업의 연구개발에 대한 투자를 장려하여야 한다는 점에서, 영업비밀의 부정취득행위에 대한 규제의 필요성이 강조되고 있다.[22] 다만 어느 정도로 영업비밀을 보호하고 형사처벌의 범위를 정할 것인가에 관한 논의는 우리나라에서도 계속되어야 하고, 해킹 등을 통한 사이버산업스파이에 대한 제도적·기술적 대응책을 지속적으로 정비해 나가야 할 것이다.[23]

---

[22] 윤종행, "영업비밀보호에 관한 형사법적 쟁점과 최근판례의 동향," 앞의 글, 110-143면 참조.
[23] 윤종행, "산업스파이에 관한 미국의 최근판례와 입법의 동향,"앞의 글, 496면.

제4장 산업스파이에 대한 각국의 대응방안 비교

I. 서설

첨단 과학기술과 막대한 자금을 통하여 얻어진 혁신적인 R&D 결과물들이 산업스파이에 의하여 유출되는 위협에 직면하여, 세계 각국은 선진국, 개발도상국을 불문하고 그 대응방안에 총력을 기울이고 있다. 세계 각국은 회사의 종업원들에게 특별 교육훈련프로그램을 운영하고, 해킹 등에 대비한 기술적 방어시스템을 구축하는 것뿐만 아니라, 법적 대응방안을 강구하고 있다. 그러나 전 세계적으로 군사기밀이나 정치적 기밀에 대한 스파이에 비하여 산업스파이에 대한 비난에 있어서 미온적 태도를 보이는 경향이 있다. 특히 선진국의 첨단 과학기술을 따라잡기 위하여 안간힘을 쏟고 있는 개발도상국들의 경우에는, 자국에 이익이 되는 경우에는 보다 관대한 입장을 취하는 등 이중성을 보이는 것이 현실이다. 더욱이 산업스파이의 피해기업들이 회사의 평판에 손상이 될 것을 우려하여 피해사실을 은폐하려는 경향도, 산업스파이에 대한 전세계적 대응을 무력하게 하는 요인이 되고 있다.[1] 이하에서는 산업스파이의 세계적 형황과 대응방안을 고찰함으로써, 우리나라에서의 산업스파이에 대한 대응방안에 대한 시사점을 얻고자 한다.

II. 산업스파이를 주도하는 나라들

1. 중국

1993년 이래 부정경쟁방지법의 시행으로, 중국은 형사처벌을 수단으로 하여 영업비밀을 법적으로 보호하면서도, 실제로는 외국기업의 영업비밀을 공격적으로 추구하고 있고, 중국 기업을 후원하여 외국 경쟁회사에 맞서게 하고 있는 것으로 알려져 있다. 중국 인민의회는 2011년 5개년 국가경제계획을 승인하여 친환경에너지, 바이오테크널러지, 반도체, 정보통신, 우주산업, 의료장치 산업 등에 박차를 가하고 있다. 그런데 미국 내 산업스파이의 약 50~80%가 중국과 관련된 것이고, 이를 위하여 해킹, 학생과 사업가를 활용한 영업비밀의 부정취득, 중국내 외국 기업이나 협력업체로부터의 부정취득 등이 통상적 수단으로 알려

---

[1] 윤종행, "산업스파이 대응방안에 관한 비교법적 고찰," 법학논총(단국대), 제41권 제1호(2017), 305면.

지고 있다.2)

중국 인민해방군(PLA)과 관련된 10여개의 해킹 구룹들이 있고, 대학과 같은 비군사적 그룹들이 해킹을 주도하고 있다고 한다. 미국의 국방관련기밀이 사이버스파이에 의하여 공격을 받은 경우라든가, 한국의 철강기업 POSCO의 컴퓨터 시스템이 해킹을 당한 것도 중국과 관련된 것으로 알려지고 있다. 그리고 등소평이 1986년에 "863계획"을 수립한 이래로, 경제선진국들과 중국과의 과학기술격차를 줄이기 위하여, 학생과 민간인이 학업과 일을 통하여 선진 기술을 습득하여 중국으로 들여오는데 매진하는 과정에서, 외국 대학이나 기업의 영업비밀이 침해되는 경우가 있는 것으로 알려지고 있다. 또한 1980년대 이후 중국은, 외국 기업이 중국에 공장 등 생산시설을 세우기 위하여 협상하는 과정에서, 일정 범위의 과학기술을 알려줄 것을 조건으로 하는 등의 정책을 이어오고 있다고 한다. 그리하여 사회일반에 확산된 지적 재산권에 대한 무시풍조에 편승하여, 더욱 영업비밀의 보호가 허술하게 되었다고 한다. 마이크로소프트(Microsoft)사에 의하면, 중국 내에서 소프트웨어 고객의 약 10% 정도만이 이에 대한 비용을 지불하고 있는 실정이라고 분석되고 있다.3)

---

2) Melanie Reid, A Comparative Approach to Economic Espionage: Is any Nation Effectively Dealing with this Global Threat?, 70 U. Miami L. Rev. 785-793 (2016).

2. 러시아

구 소련은 영업비밀보호를 위한 법을 갖고 있지 않았으나, 러시아는 2014년 형법을 개정하여 영업비밀보호 조항을 두게 되었다. 러시아는 최근 자국의 경제적 이익을 위하여 사이버산업스파이에 집중해 오고 있다. 미국의 사이버 보안회사 "크라우드스트라이크(Crowdstrike)"는 러시아가 수백 개의 미국, 유럽, 아시아 회사들의 경제적, 기술적 정보를 스파이해온 것으로 보고한 바 있다. 그러나 러시아의 산업스파이는 주로 해킹에 의하여 이루어지기 때문에, 해킹의 근원지가 어디인지, 정부의 후원이 있었는지 등의 규명이 어려운 것이 현실이다. 러시아에 기반을 둔 해커가 NATO, 우크라이나 정부 기구, 유럽의 에너지와 정보통신 회사, 미국의 학술기관 등을 침입한 것으로 보고된 바 있다. 그리고 2008년 미국을 공격한 "Agent. BTZ"라는 악성코드가 러시아 스파이의 소행으로 알려졌다.[4]

3. 프랑스

프랑스도 스위스나 독일과 마찬가지로 영업비밀을 외국인이

---

3) Melanie Reid, Id. at 786-793.
4) Melanie Reid, Id. at 793-797.

나 국외로 유출하는 것을 범죄로 규정하고 있고, 프랑스 형법 제418조에서는 제품제조관련 비밀의 부정취득을 금지하고 있다. 프랑스는 전통적으로 국익을 위하여서는 산업스파이에 국가가 적극적으로 나설 수 있다는 입장이다. 예컨대 프랑스는 외국인 승객이나 투숙객으로부터 경제적, 기술적 정보를 빼내기 위하여, 에어프랑스 비행기와 프랑스 호텔 객실을 도청하여온 것으로 알려지고 있다.[5]

4. 인도

인도는 산업스파이에 대하여 지나치게 관대한 법으로 인하여 몸살을 앓고 있다. 인도내 기업의 14% 정도가 산업스파이 피해를 본 적이 있지만, 많은 기업들은 피해사실을 인정하지 않으려는 경향이 있다고 한다.[6]

5. 이스라엘

미국 국가안전국(NSA)은, 이스라엘을 중국, 러시아에 이어서 세 번째로 가장 위협이 되는 사이버스파이 국가로 분류하고

---

[5] Melanie Reid, Id. at 797, 798.
[6] Melanie Reid, Id. at 799.

있다. 예컨대 백악관에서 근무하던 미국의 과학자 Stewart David Nozette는, 미화 22만5천 달러를 받고 국방 기밀 정보를 이스라엘에 넘긴 것으로 유죄판결을 받았는데, 이스라엘은 그러한 정보를 중국 등 제3국가에 팔아넘긴 것으로 밝혀졌다.[7]

III. 산업스파이에 대한 각국의 대응방안

1. 법적 대응방안

(1) 한국

우리나라에서도 1980년대부터 영업비밀침해 사례가 증가하여 특히 2009년 이후 산업기술 유출사범이 급격히 증가하고 있다.[8] 그 중 해외유출사례가 20% 이상 차지하는데, 그중 절반 이상이 중국으로 유출되는 것으로 분석되고 있다.[9] 영업비밀이 산업기술보호법상 보호대상인 산업기술에 해당되면, 산업기술의 유출방지 및 보호에 관한 법률 위반으로 규율하지만, 대개는 부

---

7) Melanie Reid, Id. at 799-802.
8) 이기수, "산업기술 유출 수사사례와 관련 문제점 검토," 비교형사법연구, 제15권 제2호(2013), 585면 참조.
9) 최병문, "한국의 산업기술유출방지보호법제," 비교형사법연구, 제15권 제2호(2013), 526-534면 참조.

정경쟁방지 및 영업비밀보호법 위반이나 형법상 업무상배임죄를 적용하여 처벌함으로써 산업스파이에 법적 대응을 하고 있다.10)

1992년에 제정된 이래 수차에 걸쳐 개정되어 온 부정경쟁방지 및 영업비밀보호법 제18조에는, 부정한 이익을 얻거나 영업비밀 보유자에게 손해를 입힐 목적으로, 그 영업비밀을 외국에서 사용하거나 외국에서 사용될 것임을 알면서, 취득·사용 또는 제3자에게 누설한 자는, 10년 이하의 징역 또는 1억원 이하의 벌금에, 다만, 벌금형에 처하는 경우 위반행위로 인한 재산상 이득액의 10배에 해당하는 금액이 1억원을 초과하면, 그 재산상 이득액의 2배 이상 10배 이하의 벌금에 처하도록 규정하고 있다. 그리고 부정한 이익을 얻거나 영업비밀 보유자에게 손해를 입힐 목적으로, 그 영업비밀을 취득·사용하거나 제3자에게 누설한 자는, 5년 이하의 징역 또는 5천만원 이하의 벌금에, 다만, 벌금형에 처하는 경우 위반행위로 인한 재산상 이득액의 10배에 해당하는 금액이 5천만원을 초과하면, 그 재산상 이득액의 2배 이상 10배 이하의 벌금에 처할 수 있도록 되어 있다.

---

10) 윤종행, "영업비밀보호에 관한 형사법적 쟁점과 최근판례의 동향," 법학논집(이화여대), 제19권 제1호(2014), 116면 이하 참조.

(2) 미국

미국에서는 1937년 비빌 정보의 제한적 보호가 쟁점화 되기 시작하여, 그 후 1939년까지 영업비밀법의 원리를 보편적으로 인정하였다. 그 후 1979년에 UTSA를 제정한 이래,[11] 오늘날 보편적으로 적용되는 영업비밀보호법으로 기능하고 있다. 그후 1996년에 연방차원의 경제스파이법(EEA)을 제정하여, 15년 이하의 징역 또는 5백만불 이하의 벌금형을 부과할 수 있도록 하고 있다.[12] 그리고 영업비밀을 담고 있는 5천 불 이상의 가치가 있는 부정한 물건을 외국에 전달하는 등으로 누설하는 경우는 NSPA법이 적용되어 처벌될 수 있다.[13] 특별히 사이버산업스파이와 관련하여서는, 대외적 상업에 이용되거나 영향을 미치는 회사의 컴퓨터 전자정보형태의 영업비밀을 권한 없이 또는 허용된 범위를 초과하여 접속한 경우에 민·형사책임을 부여하는, CFAA법을 1984년에 제정하여 시행하여 오고 있다.[14] 그리고 DMCA법은 해커로 인하여 피해를 본 저작권자의 신고에 직면하여, 인터넷 서비스 제공자가 인터넷 접속을 차단하거나 침해적인 내용을 제거하는 조치를 한 것에 대하여 면책하는 조항을

---

11) 18 U.S.C. §1905 (2006 & Supp. 2008).
12) Melanie Reid, A Comparative Approach to Economic Espionage: Is any Nation Effectively Dealing with this Global Threat?, 70 U. Miami L. Rev. 773- (2016).
13) 18 U.S.C. §2314 (2006).
14) 18 U.S.C. §1030(a)(2)(c) (2012).

두고 있다.15)

그리고 2016년 미국은, 산업스파이로부터 영업비밀 보호를 더욱 강화하기 위하여 새로운 영업비밀보호법(DTSA)16)을 제정하였는데, 이는 1996년에 제정된 경제스파이법(EEA)17)을 수정 보완한 것으로서, 영업비밀침해에 대하여 연방 법원에 민사소송을 제기할 수 있도록 한 것이다. 이 법은 영업비밀을 침해당한 피해자가, 영업비밀의 유포나 전파를 방지하기 위하여 필요한 경우에는, 사전 예고 없이 일방적으로 컴퓨터나 휴대폰 등과 같은 영업비밀 침해 관련 목적물을 압수할 수 있도록 하였고, 미국 영토 밖의 행위에 대하여도 적용된다는 점이 특징이다.18) 또한 영입비밀 침해행위로 인한 통상적 손해배상뿐만 아니라 징벌적 손해배상과 변호사비용등에 대한 배상 등을 규정하고 있다.19) 이는 특히 영업비밀의 국외유출을 방지하는데 매우 유용한 것으로서, 영업비밀 보유자에게 주어지는 특별히 강력한 구

---

15) 17 U.S.C.§512(c)(2006); 윤종행, "산업스파이에 관한 미국의 최근 판례와 입법의 동향," 강원법학, 제44권(2015), 480-486면 참조.
16) The Defend Trade Secrets Act
17) The Economic Espionage Act. EEA법의 보다 자세한 내용은 윤종행, "산업스파이에 관한 미국의 최근판례와 입법의 동향," 앞의 글, 480면 이하 참조.
18) Shreya Desai, Shhh! It's a Secret: A Comparison of the United States Defend Trade Secrets Act and European Union Trade Secrets Directive, 46 Ga. J. Int'l & Comp. L. 511 (2019).
19) 윤종행, "최근 미국의 산업스파이에 대한 법적 대응방안," 법학연구(충남대), 제27권 제3호(2016), 260면.

제수단이라고 평가되고 있다.[20] DTSA법은 영업비밀의 부정취득과 이용으로 인한 피해에 대하여 법적 사후구제수단을 한층 강화한 입법으로서, 미국의 강력한 대응의지를 읽을 수 있다.[21]

(3) 캐나다

캐나다는 미국의 경제스파이법과 거의 똑같은 법으로 산업스파이를 규율하고 있다. 캐나다는 매우 무거운 처벌규정을 두고 있는데, 10년 이하의 징역형을 부과할 수 있도록 한 형사처벌규정을 1989년에 두어, 2001년에 개정한 바 있다. 캐나다 사회의 개방성·국제성으로 인하여, 광업, 정보통신, 바이오 테크널러지, 우주산업 분야와 같은 선도적 산업 영역이 외국 정보기관의 표적이 되고 있다. 2012년에 캐나다의 해군장교가 2007년에서 2012년까지 외국단체에 비밀정보를 제공한 혐의로 기소되었는데, 여기에 러시아의 외교관이 연루되어 캐나다에서 추방된 적이 있다.[22]

---

20) 18 U.S.C. § 1836(b). Peter J. Toren, The Defend Trade Secrets Act, 28 No.7 Intell. Prop. & Tech. L.J. 3-6 (2016).
21) 윤종행, "최근 미국의 산업스파이에 대한 법적 대응방안," 앞의 글, 259면.
22) Melanie Reid, A Comparative Approach to Economic Espionage: Is any Nation Effectively Dealing with this Global Threat?, Id. at 776-777.

(4) 영국

영국에는 산업스파이를 처벌하는 형법규정은 두고 있지 않으나, 영업비밀의 보호를 위한 여러 가지 법적 구제장치를 마련하고 있다. 예컨대 압수 수색명령, 금지명령구제(injunctive relief), 손해배상, 이익해명(accounting for profits), 제3자책임, 위반으로 획득한 재산에 대한 법정신탁, 그리고 유출된 정보원에 대한 공개명령 등을 통하여 산업스파이를 규율하고 있다. 그런데 영국에서도 최근 산업스파이를 형사처벌하는 방안이 논의되고 있다. 또한 해커를 처벌하는 컴퓨터악용방지법(Computer Misuse Act)상의 법정형을 종신형에까지 처할 수 있도록 가중하는 방안을 고려하고 있다고 한다.[23]

(5) 호주

호주는 산업스파이에 대하여 형사처벌하는 방안을 택할 것인지에 관하여 아직 결정을 하지 못하고 있다.[24] 아직은 영국법에 기원하고 있는 신뢰위반의 관점에서 민사적으로 다루고 있

---

[23] Melanie Reid, Id. at 778-780.
[24] 산업스파이를 형사처벌할 것인가의 문제는 영업비밀의 보유자인 기업의 이익이 사회 전체의 이익과 일치한다는 전제를 필요로 하는데, 기업의 혁신이나 경쟁이 사회 전체에는 해악이 될 수 있다는 비판적 견해가 제기되고 있다(Gillian Dempsy, Industrial Espionage: Criminal or Civil Remedies, AUSTL. .INST. CRIM., Mar. 1999, at 1-5.).

는 상황이다.[25)]

(6) 일본

산업스파이의 위협을 철저히 인식하고 있는 일본은, 1992년에 제정한 부정경쟁방지법을 2004년에 개정하여, 영업비밀 침해행위를 10년 이하의 징역형 또는 1천만 엔 이하의 벌금형에까지 처할 수 있도록 하고 있다. 2012년에 닛산(Nissan) 자동차회사의 네트워크에 바이러스가 감지된 바가 있었는데, 전기자동차의 동력전달장치(EV Drivetrains)에 관한 지적 재산권을 노리는 해커에 의하여, ID와 비밀번호가 털린 것으로 알려져 있다. 최근에는 컴퓨터파괴 소프트웨어 프로그램(Malware)을 만들어 내거나 퍼뜨리는 행위를 형사처벌하는 법안이 제안된 바 있다. 그리고 2009년 이전에는 영업비밀의 부정취득으로 인하여 제3의 수익자가 이익을 얻었다는 사실을 증명하였어야 했지만, 부정경쟁방지법의 개정으로, 산업스파이를 범한 사람이 피해회사의 승낙 없이 정보를 획득하였다는 사실만 입증하면 되게 되었다.[26)]

(7) 중국

중국은 1993년에 부정경쟁방지법을 제정하여 영업비밀을 법

---

25) Melanie Reid, Id. at 780-781.
26) Melanie Reid, Id. at 781-782.

적으로 보호하기 시작하였는데, 1997년에 이를 개정하여, 벌금 또는 3년 이상 7년 이하의 징역형을 부과할 수 있도록 하고 있다. 즉, 타의 정당한 영업비밀을 절취, 유인, 협박 등 불법적인 방법으로 취득하거나, 타의 정당한 영업비밀을 불법적인 방법으로 취득하여 누설하거나 사용하거나 타인이 사용하도록 한 경우, 또는 타의 정당한 영업비밀을 정당한 협약이나 비밀조건 등에 위배되게 누설하거나 사용하거나 타인이 사용하도록 한 경우 등에는, 7년 이하의 징역에 처할 수 있도록 하는 형사적 제재를 가하고 있다.[27]

(8) 라틴 아메리카

아르헨티나는 1994년에, 산업스파이에 대하여 벌금 또는 1개월 이상 1년 이하의 징역형에 이르는 형사적 제재를 부과하는 형법조항을 규정하여, 1996년에 개정한 바 있다. 브라질은 1996년에, 벌금 또는 3개월에서 1년의 징역형에 이르는 형사처벌 규정을 두어, 2013년에 개정한 바 있다. 그러나 라틴 아메리카에서의 사이버 범죄가 최근 급증하고 있음에도 불구하고, 아직 이를 규제하는 법적 규율이 미흡한 상황이다. 다만, 아르헨티나, 브라질, 멕시코 등을 중심으로 하여 산업정보를 보호하기 위한 입법을 준비 중에 있는 것을 알려지고 있다.[28]

---

27) Melanie Reid, Id. at 784, 785.

(9) 그 밖의 나라들

프랑스는, 1992년에 부정경쟁방지 및 영업비밀보호법을 제정하여 1996년에 개정하여, 75,000 프랑 이하의 벌금 또는 5년의 징역형에 처할 수 있도록 하였다. 특히 국가 안보와 관련되는 경우에는, 100,000 프랑 이하의 벌금 또는 7년의 징역형을 과할 수 있도록 가중하고 있다. 독일은, 일찍이 부정경쟁방지법을 1909년에 제정하여 2013년에 개정한 바 있는데, 상황에 따라 벌금 또는 2년 또는 3년에 이르는 징역형을 부과할 수 있도록 하고 있다. 이탈리아는, 1996년에 형법 규정을 두어 벌금 또는 3년 이하의 징역형을 부과할 수 있도록 하고 있다. 러시아는, 1990년에 민사법에 벌금 또는 징역형 등을 부과할 수 있도록 하는 규정을 두었고, 2014년에 개정한 바 있다. 스위스는, 1986년에 부정경쟁방지법을 제정하여 2014년에 개정하였는데, 3년 이하의 징역형 또는 벌금형을 부과할 수 있도록 하였다. 그리고 대만은, 1996년에 영업비밀보호법을 제정하여 2013년에 개정하였는데, 손해액의 3배에 이르는 벌금형 또는 징역형을 부과할 수 있도록 하고 있다.[29]

---

28) Melanie Reid, Id. at 783.
29) Melanie Reid, Id. at 772-783.

(10) EU

EU의 28개국은, 나라마다 각각의 법을 통하여 영업비밀을 정의하고 규율하여 왔다. 기업의 자유로운 경쟁이 보다 중요하다고 보는 시각을 비롯하여, 나라에 따라 영업비밀의 보호 필요성에 대한 견해 차이가 있어 왔다. EU는 유럽의 기업들이 영업비밀의 부당한 취득에 노출되는 것을 제한하고, EU 소속 국가들의 통일적인 규율을 도모하기 위하여, 2016년부터 소위 "유럽영업비밀 지침(European Union Trade Secrets Directive)"을 입법하여 시행하고 있다. 민사적인 구제수단을 두고 있지만, 형사처벌을 규정하고 있지 않고 개별국가에 맡기고 있는 점이 특징이다. 그런데 사적 압수를 허용하는 미국의 DTSA에 비하여 영업비밀의 보호정도가 약하다는 평가를 받는다.[30]

이 지침은 우선 영업비밀의 요건으로, 비밀성의 요건으로서 일반인에게 알려져 있거나 언제나 입수가능한 것이 아닐 것, 비밀로 하는 것이 상업적 가치가 있을 것, 그리고 영업비밀의 보유자가 정보의 비밀성을 보호하기 위하여 합리적 조치를 취하여 왔을 것 등을 규정하고 있다. 그리고 이러한 영업비밀의 불법적인 취득, 사용, 그리고 누설을 금지하고 있다. 아울러 사법절차

---

30) Shreya Desai, Shhh! It's a Secret: A Comparison of the United States Defend Trade Secrets Act and European Union Trade Secrets Directive, 46 Ga. J. Int'l & Comp. L. 490-513 (2019).

에서 영업비밀을 보호하기 위한 장치를 규정하여 시행하도록, 소속 국가들에게 의무를 부과하고 있다. 다만, 공익신고의 결과로 누설되는 경우, 표현의 자유와 충돌하는 경우, 또는 근로자 대표의 기능과 충돌하는 경우 등에는, 예외적으로 영업비밀의 보호 대상에서 제외될 수 있음을 규정하고 있다.31)

(11) 평가

이상에서 본 바와 같이, 우리나라, 미국 등을 비롯한 대부분의 나라들은 부정경쟁방지법, 영업비밀보호법 등의 특별법을 제정하여, 산업스파이에 대한 법적 제재수단을 마련하고 있음을 알 수 있다. 그리고 아르헨티나, 브라질, 이탈리아, 러시아 등은 기본법인 형법 또는 민법에 산업스파이를 규율하는 처벌조항을 두고 있기도 하다. 한편 영국과 호주의 경우는, 산업스파이를 처벌하는 형사법 조항을 두고 있지 않다는 점이 특징이다.32)

이와 같이 산업스파이에 대한 위협에 직면하여 세계 각국은 나름대로의 대응책을 강구하고 있음에도 불구하고, 산업스파이 입증의 어려움, 피해기업들의 소극적 대응, 그리고 국제적 산업스파이 수사에 비협조적인 외국의 태도 등으로 인하여, 산업스파이에 대한 대응은 효과적이지 못하고 매우 미흡한 것으로 평

---

31) Shreya Desai, id, at 490-492.
32) 윤종행, "산업스파이 대응방안에 관한 비교법적 고찰," 앞의 글, 312면.

가되고 있다.33) 산업스파이에 대하여 가장 강력한 제재 의지를 보여 온 미국에서도, 산업스파이로 기소된 사례가 그리 많지 않은 것에 대하여, 법적 제도적 장치를 보강하여야 한다는 목소리가 강한 상황이다. 중국, 러시아, 인도 등의 나라들은 오히려 산업스파이를 선진국과 후진국의 격차를 줄이는 것으로 정당화하는 시각을 보이기도 하고, 선진국으로 분류되고 있는 캐나다, 뉴질랜드와 같은 나라들도, 산업스파이를 기소하는데 소극적 태도를 보이는 경향이다.34)

그런데 19세기 미국이 영국의 섬유산업의 영업비밀을 훔친 경우가 있었다. 예컨대, 미국인 Francis Cabot Lowell은 1811년 스코트랜드에 들어가 Cartwright loom 이라는 방직기의 정보를 훔친 후, 이를 갖고 미국 보스톤에 돌아가서 미국 산업부흥을 이끈 바가 있다. 그리고 차를 애호하던 영국도, 중국으로부터 차나무를 밀수하여 인도로 가져간 적이 있었다.35) 그러나 19세기의 산업스파이의 개념과 오늘날의 첨단 산업사회에서의 개념은 차원이 다르다고 할 것이다. 오늘날 막대한 예산을 R&D에 투자하여 창출해 낸 기업의 혁신적 결과물이나 영업비밀을, 종업원을 매수하거나 해킹 등을 통하여 훔침으로써 엄청난 부를 획득

---

33) Melanie Reid, A Comparative Approach to Economic Espionage: Is any Nation Effectively Dealing with this Global Threat?, Id. at 802-820.
34) Melanie Reid, Id. at 822.
35) Melanie Reid, Id. at 823, 824.

하는 반면, 피해기업에게는 그와 같은 혁신적 결과물이 무용지물이 되게 하여, 기업의 혁신에 대한 인센티브를 박탈함으로써, 산업의 발전을 저해하는 위협적 요소가 되고 있다. 특히 첨단 과학기술을 필요로 하는 자동차 산업, 정보통신, 반도체 산업 등이 주도적인 전략 산업이 되고 있는 우리나라의 경우는, 산업스파이로부터 영업비밀을 보호하여야 할 절박함이 있다. 따라서 수많은 벤처 기업들에게 자체적인 교육훈련과 방어시스템을 갖추도록 맡길 수만은 없는 상황이다.36) 지속적인 법적 제도정비를 통하여 산업스파이에 대한 강한 대응 의지를 보이고 있는 미국의 입법정책은 우리나라에 시사하는 바가 크다. 우리나라에서도 영업비밀을 보다 강하게 보호하기 위하여서, 현행 부정경쟁방지 및 영업비보호에 관한 법률에 미국의 DTSA법과 같이, 영업비밀 침해를 받은 피해자의 사적 압수청구제도와 손해배상에 관한 조항을 추가하는 것도 좋을 것이다.37)

2. 법 외적 대응방안

산업스파이에 대한 법 외적 차원에서의 대응방안을 보면, 전 세계적으로 큰 차이가 없어 보인다. 일차적으로는 개별기업들이

---

36) 윤종행, "산업스파이 대응방안에 관한 비교법적 고찰," 앞의 글, 313면.
37) 윤종행, "최근 미국의 산업스파이에 대한 법적 대응방안," 앞의 글, 260면.

영업비밀의 보호를 위하여 합리적인 노력을 기울일 것이 요구된다. 영업비밀 등 지적 재산권 침해를 방지하기 위한 기업의 종업원들에 대한 교육·훈련을 강화할 것이 요구되고, 일반국민들에게 사이버보안에 관한 홍보의 필요성도 있다.38) 나아가 기업의 보안시스템을 구축하고 이에 대한 적절한 행정적 규제도 하여야 할 것이다.39) 다만 나라별로 기술력과 산업스파이에 대한 대응의지가 다를 수 있는데, 산업스파이를 억제하기 위한 노력의 비용 대비 적정한 보안의 수준에 있어서, 나라별 상황에 따라 차이를 보이고 있다.40)

한편 사이버 산업스파이에 대응하여, 미국을 비롯하여 캐나다, 독일, 이스라엘, 네덜란드, 그리고 영국 등이 국가적 차원에서 대처하고 있음을 알 수 있다.41) 사이버 산업스파이에 맞서기 위하여서는, 우선 기술적으로 악성코드를 감지하기 위한 모니터링과 감시, 감독을 강화하고, 취약한 공격대상을 견고화하여 침입을 퇴치할 수 있어야 할 뿐만 아니라, 공격시에도 작동할 수 있고 신속히 회복할 수 있는 복구시스템을 구축하고, 또한 공격의 여파에 대응하여 반격할 수 있어야 한다.42) 네덜란드에서는

---

38) Elizabeth A. Rowe, Rats, Traps, and Trade Secrets, 57 B.C. L. Rev. 409-425 (2016).
39) 윤종행, "산업스파이에 관한 미국의 최근판례와 입법의 동향," 강원법학, 제44권(2015). 제493면 참조.
40) 윤종행, "산업스파이 대응방안에 관한 비교법적 고찰," 앞의 글, 314면.
41) Daniel Benoliel, Toward a Cybersecurity policy Model: Israel National Cyber Bereau Case Study, 16 N.C. J.L. & TECH.435, 438-39 (2015).

법집행기관에게 정당방위차원의 응징을 허용하고 있고, 이스라엘의 경우도 국방부에서 공격적인 사이버 응징을 할 수 있는 권한을 부여하고 있다.[43] 개별기업 차원에서 인적·기술적 차원의 겹겹의 보안시스템을 공고히 하고 정당방위차원의 응징적 해킹을 시행하는 것이, 가장 효과적으로 사이버산업스파이에 대응하는 방안이라고 한다.[44] 한편 독일에서 응징적 해킹을 허용하고 있지 않지만, 독일의 기업들은 정당방위차원의 응징적 해킹을 사용하고 있는 것으로 알려지고 있다. 그러나 정당방위 차원의 적극적 해킹을 허용할 것인가에 대한 세계적 공감대는 아직 형성되어 있지 않은 상황이다.[45]

미국에서는 보다 적극적이고 공격적인 제재수단이 해킹을 당한 기업들에 의하여 행하여지고 있다. 침입을 인지하고 추적한 다음, 해킹에 대하여 적극적으로 대응하는 것이 피해를 줄이는데 필요하다고 보기 때문이다.[46] 그런데 미국에서도 이에 대

---

42) Nathan Alexander Sales, Regulating Cyber-security, 107 Nw. U. L. Rev. 1508 (2013).
43) Paul Rosenzweig, International Law and Private Actor Active Cyber Defensive Measures, 50 STAN. J. INT'L L. 114 (2014).
44) Elizabeth A. Rowe, Rats, Traps, and Trade Secrets, 57 B.C. L. Rev. 425 (2016).
45) Janie S. Hiller & Roberta S. Russell, The Challenge and Imperative of Private Sector Cybersecurity: An International Comparison, 29 COMPUTER L. & SECURITY REV. 245 (2013).
46) Jay P. Kesan & Carol M. Hayes, Mitigative Countersinking: Self Defense and Deterrence in Cyberspace, 25 HARV. J.L. & TECH. 474, 475 (2012).

하여는 법적, 기술적, 정치적 이유로 찬반의 논란이 되고 있다. 예컨대 2010년 미국의 Google사의 네트워크가 중국의 해커에 의하여 뚫렸을 때, 구글사는 공격의 진원지를 추적하여, 증거를 확보하기 위하여 응징적 해킹으로 공격한 것으로 알려지고 있는데, 이를 "응징적 해킹(Hacking Back)"이라고 한다.47) 이에 대하여는 사이버 침입에 신속히 대응하여 응징함으로써 해킹 비용을 증가시키고 결과적으로 해킹에 대한 억제효과가 있다는 긍정적 견해와, 사기업이 보복적 목적으로 응징함으로써 과도한 것이 될 수 있다는 반론이 대립하고 있다.48) 그런데 미국 법무부는 해킹을 당한 기업이 공격자의 컴퓨터를 해킹해서는 안 된다는 입장이다.49) 그러나 해킹을 당한 피해기업이 피해를 최소화하기 위하여 필요한 범위 내에서 응징적 해킹을 하는 것은, 침해상황이 계속되고 있는 것으로 볼 수 있으므로, 정당방위 차원에서 허용하는 것이 바람직할 것이다.50)

요컨대, 개별 기업은 영업비밀보호를 위한 기업의 실정에 맞는 효과적인 보안시스템을 구축하고, 종업원에 대한 교육훈련 등에 보다 많은 투자를 할 필요가 있다. 또한 행정감독관청의 행정 지도감독체계가 정상적으로 작동되어야 할 것이다. 또한

---

47) Elizabeth A. Rowe, Id, at 418.
48) Elizabeth A. Rowe, Id, at 419.
49) Paul Rosenzweig, Id, at 115-116.
50) 윤종행, "산업스파이 대응방안에 관한 비교법적 고찰," 앞의 글, 315면.

영업비밀의 침해사실을 은폐하려 하기보다는 적극적으로 신고하여 형사적 제재를 가하는 사법시스템이 효과적으로 작동되도록 하고, 사이버 산업스파이 등의 해킹에 대응하여 강력한 응징적 해킹도 법적으로 허용하는 것을 긍정적으로 검토할 필요가 있을 것이다.[51]

---

51) 윤종행, "산업스파이 대응방안에 관한 비교법적 고찰," 위의 글, 316면.

제5장 해커로부터 영업비밀의 보호

I. 서설

이제 컴퓨터와 인터넷은 우리사회에서 정부, 군, 공·사 기업, 학교 등 모든 영역의 주요 시스템에서 활용되고 있다. 그런데 컴퓨터는 업무와 기능의 효율성을 획기적으로 향상시키고 있음에도 불구하고, 해킹 등[1] 사이버범죄와 공격에 취약하다.[2] 따라서 사이버테러 등으로 인하여 국가의 안전이 위협받을 수 있고, 사회의 기반시설의 작동이 마비될 수도 있으며, 기업의 중요 영업비밀이 해킹에 의하여 도난당할 수도 있다.[3] 간단히 키보드를

---

1) 해킹(hacking)은 타인의 컴퓨터 시스템에 허락 없이 접속하여 어떻게 작동하는지에 관한 정보를 얻기 위한 행위이고, 크래킹(cracking)은 타인의 컴퓨터 시스템에 손상을 입히게 할 목적의 해킹을 의미하는 것으로 구분할 수 있다{ David Weissbrodt, Cyber-Conflict, Cyber-Crime, and Cyber-Espionage, 22 Minn. J. Int'l L. 367 (2013).}.
2) 컴퓨터 범죄는 해킹과 크래킹, 강취(extortion), 아동 포르노그라피, 돈세탁, 사기(fraud), 소프트웨어 불법복제, 그리고 산업스파이 등 다양한 형태로 이루어질 수 있다(David Weissbrodt, id, at 367.).
3) Eric J. Sinrod & William P. Reilly, Cyber-Crimes: A Practical Approach to the Application of Federal Computer Crime Law, 16 Santa Clara Computer &

두드림으로써 은행의 전산망에 침투하여 고객정보를 빼내거나 데이터를 망가뜨릴 수 있고, 발전소를 장악하여 통제하고 전기설비를 붕괴시키며 댐의 방류 게이트를 열고, 전자통신망을 오프라인으로 만들 수도 있다.4) 예컨대 2009년, 매우 정교하게 진화된 사이버무기로 알려진 "Stuxnet worm"이라는 해킹수단이 이란의 핵심 핵시설에 물리적 타격을 준 바 있다.5) 오늘날 세계 각국은 국가 사회의 안전 시스템을 위협하는 엄청난 파괴력을 지닌 사이버 테러에 대응하여, 소위 "해커와의 전쟁"을 선포하고 제도적·기술적 대응책 마련에 진력하고 있는 상황이다.6)

2012년 미국의 상원은 컴퓨터 넷워크상의 위협에 대응하는 현 제도의 취약성을 보완하고자, 정부와 정보기관(intelligence agencies)7) 또는 정보업체간의 정보 교류 등을 규정한 "사이버 안전법(cyber-security bill)"을 통과시킨 바 있다.8) 오바마 대통령

High Tech. L.J. 178, 179 (2000).
4) Joel Brenner, America the Vulnerable: Inside the New Threat Matrix of Digital Espionage, Crime, and Warfare, 137-154 (2011); Richard A. Clarke & Robert K. Knake, Cyberwar: The next Threat to National Security and What to Do About It, 64-68 (2010); Nathan Alexander Sales, Regulating Cyber-security, 107 Nw. U. L. Rev. 1510 (2013).
5) Nathan Alexander Sales, Regulating Cyber-security, id, at 1514.
6) 윤종행, "해커로부터 영업비밀의 보호방안," 법학논총(조선대), 제22권 (2015), 273면.
7) An intelligence agency is a government agency responsible for the collection, analysis, and exploitation of information and intelligence in support of law enforcement, national security, defence and foreign policy objectives (http://en.wikipedia.org/wiki/Intelligence_agency).
8) David Weissbrodt, Cyber-Conflict, Cyber-Crime, and Cyber-Espionage, id, at

은 2015년 1월 13일, 워싱턴 인근 국가사이버안보정보통합센터(NCCIC)를 방문해, 북한의 소니픽처스 해킹, 이슬람 무장단체 '이슬람국가(IS)'의 중부사령부 해킹 등을 구체적으로 적시하며, "사이버 위협은 미국이 직면한 가장 심각한 경제·안보적 도전"이라고 규정했다.9) 그리고 사이버 범죄에 대한 국제적 대응으로서, "사이버공간을 위한 국제 형사재판소(International Criminal Tribunal for Cyberspace: ICTC)"를 설치하여야 한다는 주장과, 국제형사재판소(ICC)가 일정한 사이버 범죄에 대한 관할권을 행사하여야 한다는 주장도 제기되고 있다.10) 우리나라에서는, 1987년 "전산망보급확장과이용촉진에관한법률"의 시행, 1999년 "정보통신망이용촉진등에관한법률"의 시행, 그리고 2001년 이후로 "정보통신망이용촉진및정보보호등에관한법률"을 시행하여, 정보통신망 이용자의 정보 등을 보호하고 정보통신망의 안전성을 확보하기 위하여 입법적으로 대응하여 오고 있다.

  이하에서는 사이버산업스파이의 실태와 이에 대한 대응법제에 관하여 미국에서의 논의를 중심으로 살펴보고, 구체적으로 해킹에 의한 영업비밀 침해행위에 대한 효과적인 대응방안을 찾아보고자 한다.

348.
9) http://news.donga.com/Main/3/all/20150115/69094291/1.
10) David Weissbrodt, id, at 368, 369.

II. 디지털시대의 사이버산업스파이와 영업비밀의 취약성

1. 사이버산업스파이의 의의

이른바 "사이버산업스파이(Cyberespionage)"는, 금전적 이득을 목적으로 컴퓨터나 디지털 매체를 이용하여 경쟁관계나 적대적 관계에 있는 상대에 관한 민감한 정보를 얻기 위한 활동이라고 정의할 수 있다.11) 표적이 되는 상대의 정보나 자료를 빼내어 획득하기 위하여, 컴퓨터 네트워크를 부정한 방법으로 활용하는 것이다.12) 오늘날 기업의 영업비밀을 부정하게 취득하기 위하여 경쟁사의 전·현직 직원을 자기 회사에 채용하기 위하여 노력하고 있고, 사이버상의 불법적 침입을 통하여 영업비밀을 획득하려는 시도는 기업의 영업활동뿐만 아니라 국가의 안전까지도 위협하고 있다.13)

종래 사이버범죄가 대개 크레딧 카드의 정보를 빼내는 방식

---

11) David Weissbrodt, id, at 371.
12) Scott J. Shackelford, Toward Cyberspace: Managing Cyberattacks through Policentric Governance, 62 AMULR 1298, 1299 (2013).
13) David Orozco, Amending the Economic Espionage Act to Require the Disclosure of National Security-Related Technology Thefts, 62 Cath. U. L. Rev. 878 (2013). 이에 관한 실태와 형사법적 쟁점에 관하여는, 윤종행, "영업비밀보호에 관한 형사법적 쟁점과 최근판례의 동향," 법학논집(이화여대), 제19권 제1호(2014), 111면 이하 참조.

이었다면, 이젠 산업스파이(영업비밀의 부정취득)의 방향으로 관심이 바뀌어가고 있다. 더욱이 전 세계적으로, 중국, 러시아, 프랑스, 이스라엘, 인도, 일본, 대만 등 많은 국가들이 사이버산업스파이에 가담하고 있는 것으로 알려지고 있다.14) 세계 경제의 성격과 첨단 과학기술의 획기적 발전으로 인하여, 영업비밀의 부정한 취득과 이용이 쉬워졌을 뿐만 아니라 그로 인한 수익성이 높다는 점이고, 해커들이 점점 보다 많은 자금지원을 받고 조직화되고 있다. 15) 미국에게 가장 심각한 위협으로 받아들여지고 있는 중국의 경우를 보면, 소위 "국내산 혁신 정책(Indigenous innovation policy)"에 따라, 외국의 기업이 중국에서 영업활동을 하기 위한 조건으로서 기업의 영업비밀을 공개할 것을 공개적으로 요구함으로써, 외국 기업의 혁신을 모조하는 것을 조장하거나, 은밀히 산업스파이를 경제적으로 후원하는 것으로 알려지고 있다.16)

2013년 2월, 미국의 한 보안회사 Mandian는 중국 정부가 사이버 산업스파이를 직접적으로 후원한다는 정보를 공표한 바 있다. Mandian사가 141개의 산업스파이 사례들을 추적한 결과,

---

14) Melanie J. Teplinsky, "Fidding on the Roof: Recent Developments in Cybersecurity", 2 Am. U. Bus. L. Rev. 259 (2013).
15) Zoe Argento, Killing the Golden Goose: The Dangers of Strengthening Domestic Trade Secret Rights in Rsponse to Cyber-Misappropriation, 16 Yale J. L. & Tech. 190, 195 (2013-2014).
16) Zoe Argento, Id. at 191.

"중국 국민 자유화 군대(Chinese People's Liberation Army)"라는 조직에는 1000명 이상의 서버와 수백명의 스탭들이 있는데, 그 중에는 언어학자, 악성소프트웨어 제작자(malware authors), 산업전문가, IT 전문가(IT personnel) 등이 포함되어 있음을 밝혔다. 이와 같은 거대 조직이 산업스파이 활동을 할 수 있기 위해서는 정부 차원의 지식과 협력이 있어야 가능한 것이라고 분석되고 있다. 또한 미국의 유명한 정보통신사인 Verizon이 2013년에 수집한 영업비밀침해 사례 125 건을 분석한 결과, 그 중 96%가 중국정부 제휴를 받은 자들이 관련되었다고 한다.[17]

2. 디지털시대와 영업비밀의 취약성

디지털 혁명으로 인하여 오늘날 기업, 병원, 정부기관 등에서 중요 정보들을 전자정보의 형태로 보유하고 있다. 기업의 경우를 보면 기업의 크기나 분야를 막론하고 영업에 필요한 정보와 자료들, 예컨대 고객명단(customer lists), 제보방법(formulas), 가격통계, 개인정보, 그리고 재정자료 등이 대부분 전자정보의 형태로 관리되고 있다. 그리고 이와 같은 분야에서 근무하는 종업원들은 서로 이와 같은 정보를 교류함에 있어서, 단순하게 이메일을 사용하는 대신에 편리한 내부전산망(인트라넷)을 이용하

---

[17] Zoe Argento, Id. at 193, 194.

게 되었다. 따라서 기업의 고용주들은, 종업원들이 허락 없이 또는 부정한 목적으로 전자정보를 이용하지 않겠다는 컴퓨터 사용에 관한 지침을 마련하여 시행하고 있다.[18] 디지털화하여 보유하고 있는 기업의 정보를, 인터넷이 연결된 곳이라면 그 어느 곳으로든지 단지 버튼 하나를 누름으로써 전송할 수 있게 되었기 때문이다. 또한 이용자의 모든 정보를 인터넷상의 서버에 저장하여 활용하는 클라우드 컴퓨팅(cloud computing), 모바일 장치들, 그리고 회사 밖에서 근무하는 원격 업무수행 근로자들이 늘어남에 따라, 기업의 정보와 자료들을 세계 어느 곳에서도 원격 열람하는 것이 가능하게 되었다.[19]

이와 같은 디지털시대에, 컴퓨터 코드나 기술장치 등이 기업영업의 핵심적 동력이 되고 있다. 문제는 컴퓨터 프로그램 등의 컴퓨터 소프트웨어를 개발하는데 엄청난 비용이 드는데도 불구하고, 단순한 복제과정을 통하여 이들이 한 순간에 털릴 수 있다는 점이다. 이로 인하여 인터넷에 연결된 기업의 컴퓨터 시스템은 전 세계적인 해커들의 취약한 공격 대상이 되었고, 전통적인 방식의 산업스파이보다 더 심각한 타격을 주고 있다. 알고리

---

[18] Audra A. Dial and John M. Moye, Kilpatrick Townsend & Stockton LLP, The Computer Fraud and Abuse Act and Disloyal Employees: How Far Should the Statute Go to Protect Employers from Trade Secret Theft? 64 Hastings L.J. 1448 (2013).
[19] Eric M. Dobrusin & Ronald A. Krasnow, Intellectual Property Culture: Stratigies to Foster Successful Patent and Trade Secret Practices in Everyday business, 234 (2008); Zoe Argento, Id. at 190, 191.

듬(Algorithms)과 같은 컴퓨터 코드(Computer Code)라든가 기업의 R&D 프로그램 등이 산업스파이의 표적이 되는 경우가 많아지고 있다. 예컨대 2010년 미국의 유명한 구글사(Google)에서, 전 세계 수백만 명의 접속을 통제하는 패스워드 시스템인 가야 프로그램(Gaia program)의 컴퓨터 코드가 털린 바 있다.[20] 2011년 미국 국방부(DoD)는 24,000개 정도의 파일을 사이버스파이에 의하여 잃었다고 밝힌 바 있다.[21]

더욱이 오늘날의 첨단 과학기술을 갖추고 조직화된 해커들은, 재정적 후원을 받으면서 수개월간 또는 수년간 기업의 컴퓨터시스템을 뚫고 들어가 지속적으로 모니터링하고 있다. 이를 통하여 기업의 기술개발계획(technology blueprints), 중요한 작업공정, 실험결과, 사업계획, 가격책정자료, 협력회사와의 협약, 이메일, 그리고 계약관련문서 등 기업의 근간이 되는 핵심정보들을 빼내고 있다.[22] 뿐만 아니라 해커들이 단지 불법적으로 정보를 빼내는데 그치는 것이 아니라, 악성코드(malware)나 은밀히 숨어 달아날 수 있는 비밀문(backdoor)을 만들고, 후속 공격의 네트워크 지도를 만든다는 점이다.[23] 문제는 이와 같이 오늘

---

20) Adam Cohen, Securing Trade Secrets in the Information Age: Upgrading the Economic Espionage Act After United States v. Aleynikov, 30 Yale J. on Reg. 215-219 (2013).
21) Scott J. Shackelford, Toward Cyberspace: Managing Cyberattacks through Policentric Governance, id, at 1299.
22) Zoe Argento, Id. at 195.
23) Melanie J. Teplinsky, Fidding on the Roof: Recent Developments in

날 인터넷과 모바일 장치 등의 이용이 보편화되고 기업의 세계화추세로 인하여 영업비밀의 부정한 취득행위는 날로 증가하고 있음에도,24) 해킹이 외국인에 의하여 이루어지는 경우에는 대개 자국 내의 컴퓨터를 이용하기 때문에 탐지와 범인의 체포가능성이 낮다는 점이다.25) 해킹 등 사이버범죄에 대한 제도적·기술적 대응방안의 마련이 절실한 상황이다.26) 2012년 미국 상원은, 그동안 영업비밀에 포함되는지 여부가 논란이 되었던 컴퓨터 프로그램 등에 대한 영업비밀의 부정한 취득에 대하여, 처벌 범위를 넓히는 방향의 법률안27)을 통과하는 등 처벌을 강화하고 있다.28)

Cybersecurity, Id. at 258, 259.
24) David Orozco, Amending the Economic Espionage Act to Require the Disclosure of National Security-Related Technology Thefts, id, at 880.
25) David Weissbrodt, Cyber-conflict, Cyber-crime, and Cyber-espionage, 22 Minn. J. Int'l L. 371 (2013).
26) 윤종행, "영업비밀보호에 관한 형사법적 쟁점과 최근판례의 동향," 앞의 글, 115면.
27) Theft of Trade Secrets Clarification Act of 2012, S. 3642, 112th Cong. §2.
28) David Orozco, Amending the Economic Espionage Act to Require the Disclosure of National Security-related Technology Thefts, 62 Cath. U. L. Rev. 880 (2013).

III. 사이버상 영업비밀 침해행위에 대한 미국의 법적 규율

위의 제2장에서 본 바와 같이, 심각한 산업스파이의 위협에 직면하여 미국에서는 그동안 UTSA, EEA, 그리고 DTSA 등의 입법적 대응을 통하여 영업비밀을 보호하여 왔다. 특별히 해킹 등 사이버상 영업비밀 침해행위에 대한 미국의 주요 법률을 살펴보면 다음과 같다.

1. CFAA법

미국에서는, 대외적 상업에 이용되거나 영향을 미치는 회사의 컴퓨터 전자정보형태의 영업비밀을, 권한 없이 또는 허용된 범위를 초과하여 접속한 경우에, 민·형사책임을 부여하는 CFAA법(Computer Fraud and Abuse Act)을 1984년에 제정하여 시행하여 오고 있다.[29] CFAA법은 원래 해킹 방지목적으로 제정되었다. 국가 안보에 관한 비밀, 개인의 재정에 관한 기록, 또는 연방정부의 컴퓨터를 해킹할 의도로, 허락 없이 또는 허용된 범위를 넘어서서 컴퓨터에 접속한 사람에게, 일정한 요건 하에 형

---

29) 18 U.S.C. §1030(a)(2)(c) (2012).

사책임을 부과하기 위하여 제정된 것이다.30) 1994년에는, 이 법에 위반되는 행위로 인하여 피해를 입은 사람에게 민사소송을 허용하는 법 개정이 있었다. 그리고 1996년에는, 특정한 형태의 디지털 정보에 국한하지 않고 보호하는 법 개정이 있었고, 현재는 다른 주, 또는 외국 간의 상업이나 정보교류에 사용되거나 영향을 주는 모든 컴퓨터로 그 보호범위를 폭넓게 확대하여,31) 오늘날 미국의 영토 밖에 존재하는 컴퓨터에도 제한적으로 이 법이 적용될 수 있다.32)

이 법에 위반한 경우의 처벌은, 위반의 유형에 따라 처벌의 수위가 다르다. 예컨대 외부인의 접속이 금지되는 컴퓨터에 허락 없이 접속한 경우, 초범일 경우 1년 이하의 징역형이 부과될 수 있다. 그런데 기망 등 부정한 수단으로 5000불 이상의 가치가 있는 정보를 해킹한 경우에는, 5년 이하의 징역에 처해질 수 있다. 그리고 컴퓨터에 허락 없이 접속하여 손해를 입힌 경우, 초범일 경우 행위당시의 지적 상태가 의도적이었는지(intentional), 무모한 심적 상태였는지(reckless), 아니면 이와 같은 의도나 무모성이 없었던 경우인지에 따라, 10년 이하, 5년 이하, 또는 1년 이

---

30) Audra A. Dial and John M. Moye, Kilpatrick Townsend & Stockton LLP, The Computer Fraud and Abuse Act and Disloyal Employees: How Far Should the Statute Go to Protect Employers from Trade Secret Theft? 64 Hastings L.J. 1451 (2013).
31) 18 U.S.C. §1030(e)(2) (2012).
32) Shane Huang, Proposing a Self-help Privilege for Victims of Cyber Attacks, 82 Geo. Wash. L. Rev. 1241 (2014).

하의 징역에 처하도록 차등하여 규율하고 있다.33)

그런데 이와 같은 CFAA법이 컴퓨터 해킹을 방지하기 위하여 고안된 것이므로 외부에서 접속한 경우만을 규율하여야 하고, 내부 배신적 근로자에 의한 고용주의 디지털화된 영업비밀을 부정하게 사용(misappropriation)한 경우에는 적용하지 말아야 한다는 주장과, 이에 반대하는 주장이 대립되고 있다.34)

2. DMCA법

미국의 Digital Millenium Copyright Act(DMCA)는, 해커로 인하여 피해를 본 저작권자의 신고에 직면하여, 인터넷 서비스 제공자가 인터넷 접속을 차단하거나 침해적인 내용을 제거하는 조치를 한 것에 대하여 면책하는 조항(safe harbor)을 두고 있다.35) 그런데 소프트웨어 보안 조사원(연구원: security researcher)이 합법적으로 조치를 취하였다면, 원고인 소프트웨어 회사가 보안조사관의 조치가 허용된 권한범위를 초과하였다고 적시하더라도, 다음과 같은 일정한 요건 하에서, 보안 조사관

---

33) Shane Huang, id, at 1240, 1241.
34) Audra A. Dial and John M. Moye, Kilpatrick Townsend & Stockton LLP, Audra A. Dial and John M. Moye, Kilpatrick Townsend & Stockton LLP, id, at 1452, 1453.
35) 17 U.S.C.§512(c) (2006).

의 행위에 대하여 민사책임을 면제하는 방안이 필요하다는 주장도 제기되고 있다.36)

첫째로, 보안 조사원이 소프트웨어의 결함을 발견하였을 경우에는, 이에 관한 정보를 공개하기 전에 우선 서비스제공자에게 먼저 알려야 한다. 서비스제공자가 결함을 제거하는 조치를 하기에 가장 적합한 위치에 있고, 비용 면에서도 가장 경제적이기 때문이다. 서비스 제공자는 소프트웨어의 결함에 관한 정보가 공개되기 전에, 보안 조사원과 소통하면서 필요한 수리를 할 수 있다.37)

둘째로, 보안 조사원이 발견한 결함 있는 데이터를 제3자에게 판매하여서는 안 된다. 그레이 해커들(gray hat hackers)이38) 결함 있는 데이터를 서비스 제공자에게 넘기기 전에, 기타

---

36) Derek E. Bambauer & Oliver Day, The Hacker's Aegis, 60 Emory L.J. 1088 (2011).
37) 예컨대 미국의 Computer Emergency Response Team Communication Center(CERT/CC)의 경우는 서비스 제공자의 결함제거 조치 유무와 상관없이, 최초로 결함을 보고받은 후 45일이 지난 후에야 소프트웨어의 결함을 일반에게 공개하도록 하고 있다.
38) 화이트 햍 해커(white hat hackers)는 웹사이트를 최적화 하기 위하여 적법하고 적절한 방식을 사용하는 해커로서 컴퓨터 보안 회사에 조용히 알려주지만, 블랙 햍 해커(black hat hackers)는 불법적, 부적절한 방식을 사용하는 해커인데, 그레이 햍 해커는 상황에 따라 불법적 방식을 택할 수도 있는 해커로서, 비록 개인적 이익을 위하거나 악의적인 해킹을 하지 않지만, 보다 나은 보안을 위하여 경우에 따라서는 법을 어기기도 한다. 이들이 보안적 결함을 발견하였을 시 서비스 제공자만이 아니라 해커 사회(community)에도 알리는 것이 보통이다.
(http://en.wikipedia.org/wiki/Grey_hat)

불법적 거래를 하려는 시도를 차단할 필요가 있기 때문이다.[39]

셋째는, 보안 조사원은, 클라우드 컴퓨팅(cloud computing)의 경우와 같이 운영자가 여럿이어서 스스로 할 수 없는 경우가 아닌 한, 자신의 테스트 시스템을 점검해야 한다는 것이다. 그리고 만약 Amazon Computer Cloud(EC2)와 같이 제3자들에 의해 운영되는 소프트웨어인 경우는, 그 시스템상의 결함의 존재와 범위를 알아내기 위한 목적 범위 내에서, 그와 같은 서비스에 대한 일시적 경미한 장애를 초래하는 것이더라도, 그러한 시스템에 대한 보안검사원의 점검은 허용되어야 한다.[40]

넷째는, 공격자가 자동으로 시스템에 침입할 수 있도록 하는 exploit code나, 작동시스템상의 취약성이나 결함 등의 위험성을 보여줄 수 있도록 고안된 proof-of-concept code 등을, 서비스제공자의 허락 없이는, 보안 조사원이 외부에 공표해서는 안 된다. exploit code가, 시스템 관리자들에게 취약성에 대응하여 보호하라는 경고의 의미를 줄 수 있겠으나, 아마추어 해커들(script kiddies)의 공격 위험이 있고, 보안상의 허점을 알게 된 교묘한 악의적 해커들(black hat hackers)이 이를 무기화하여 초토화시킬 수 있으므로, 득보다 실이 훨씬 크기 때문이다.[41]

다섯째는, 보안 조사원이 발견한 소프트웨어의 취약성을 정

---

[39] Derek E. Bambauer & Oliver Day, The Hacker's Aegis, id, at 1090-1091.
[40] Derek E. Bambauer & Oliver Day, id, at 1091-1092.
[41] Derek E. Bambauer & Oliver Day, id, at 1092.

보센터(clearing house)에 통보함으로써, 취약성에 대한 추적경로(audit trail)를 형성하여야 한다는 점이다. 발견한 결함의 세부사항, 버그의 재복제(reproduce)에 대한 정보, 알려진 exploits or proof-of-concept code, 자신의 신상정보, 그리고 서비스제공자와 주고받은 이메일 등의 서신교환 내용의 복사본을 제출한 경우에만 면책되도록 하여야 한다.[42]

결국 이러한 제안은 해킹에 대응하여 소프트웨어 보안 조사원에게 적절한 조치를 취할 의무를 부과하는 것이다. 따라서 보안 조사원이 이들 다섯 가지 요건들 중 하나를 위반하였다는 것을 서비스제공자가 입증하면, 보안 조사원은 법적 면책의 혜택을 받지 못하게 되는 것이다. 그런데 이러한 면책은 민사책임에 국한되고 형사법적 제재는 주어질 수 있는 것이므로, 악의적 해커들에 대한 범행 억제효과를 무력화시키기에는 한계가 있다고 볼 수 있다.[43]

3. 사이버산업스파이에 대한 입법적 대응의 한계

사이버 산업스파이에 대한 위협은 직접적으로 피해기업에 대한 경제적 손실만이 아니라, 무엇보다도 기업들이 막대한 투

---

42) Derek E. Bambauer & Oliver Day, id, at 1092.
43) 윤종행, "해커로부터 영업비밀의 보호방안," 법학논총(조선대), 제22권 (2015), 280면.

자를 통하여 얻은 혁신적 영업비밀이 해킹에 의하여 한순간에 날아가 버리기 때문에 더 이상 투자를 하지 않게 된다는 점이다.44) 최근 해킹으로 인한 피해 보고가 급증하고 있다. 그러나 현실적으로 해킹의 기술이 발달된 까닭에, 기업이 해킹으로 영업비밀이 침해된 사실조차 탐지 하지 못하는 경우도 많다. 실제로 해킹 피해를 근거로 법원에 제소되는 비율은 매우 낮다고 한다. 국제적으로도 활동하는 해커들이 자신의 신분을 쉽게 감출 수 있기 때문에 누구를 제소하여야 할지 모르는 경우도 많을 뿐만 아니라, 확인이 되더라도 이를 꺼려하는 경향이 있다는 것이다. 우선 해킹사실이 외부에 알려지게 되면 피해 기업의 주가가 하락할 위험이 있고,45) 회사의 평판과 대외적 신용이 훼손될 우려가 있기 때문이라고 한다. 또한 소송과정에서 발생할 수 있는 추가적인 영업비밀의 누설을 염려하는 것이 현실이다.46)

---

44) 윤종행, "산업스파이에 관한 미국의 최근판례와 입법의 동향,"앞의 글, 492면.
45) Chris Carr & Larry Gorman, Revictimization of Companies by stock Market Who Report Trade Secret Theft Under the Economic Espionage Act, 57 Bus. Law, 25, 52 (2001).
46) Zoe Argento, Killing the Golden Goose: The Dangers of Strengthening Domestic Trade Secret Rights in Rsponse to Cyber-Misappropriation, Id. at 214-217.

IV. 해킹에 의한 영업비밀 침해행위에 대한 기술적 대응방안

1. 우리나라에서의 해킹에 대한 대응 동향

우리나라에서도 해킹으로 인한 피해가 심각한 상황이다. 2013년 국가정보보호백서에 의하면, 한국인터넷진흥에서 접수 및 처리된 민간분야 해킹사고는 2011년에 1169건, 2012년에 19570건으로 증가하였다. 2011년 4월경에는 현대캐피탈 고객 수십만 명의 신상정보를 빼낸 해커가 이메일로 억대의 돈을 요구하면서, 이 요구에 불응할 경우 고객의 신상정보를 인터넷상에 공개하겠다고 협박한 사건이 있었다.47) 같은 시기에 발생한 농협전산망 장애사건은, 2011년 4월 12일 오후 5시쯤 농협의 뱅킹 관련 서버가 다운되면서, 인터넷 뱅킹, 폰뱅킹, 현금자동인출기(ATM) 등의 서비스가 전면적으로 중단된 사태가 발생한 것이다. 이는 유지보수업체인 한국 IBM 직원의 노트북에서, 각종 서버의 주요 데이터를 삭제하라는 명령이 내려졌기 때문이었다. 이는 해커들이 유지업체 IBM 직원의 노트북에 악성 봇(Bot)을 침투시켜 좀비 PC로 만들고, 이 노트북을 7개월 이상 관리하여 조종하여 왔고, 그 노트북에 있는 각종 자료와 노트북에 입력되

---

47) 연합뉴스, 2011. 4. 10.

는 모든 내용을 빼내가기 위하여, 그 노트북에 백도어 프로그램을 설치했던 것으로 밝혀졌다.48)

우리나라에서도 이와 같은 해킹에 대한 대응방안으로서 다각적인 논의가 이루어져 왔다. 물론 컴퓨터를 이용한 해킹을 탐지하여 행위자를 엄벌하는 것이 기본일 것이다. 해킹에 의한 영업비밀침해행위에 대하여는, 형법상 절도죄, 업무상비밀누설죄, 컴퓨터업무방해죄, 부정경쟁방지및영업비밀보호법위반, 정보통신망이용촉진및정보보호등에관한법률위반, 산업기술의유출방지및보호에관한법률위반 등이 적용되어 처벌된다.49) 그러나 위에서 본 바와 같이 해킹의 탐지와 행위자 규명이 곤란하고, 해킹에 대한 완벽한 예방시스템을 구축하는 것이 불가능하다는 한계가 있다. 따라서 사이버방어작전 프레임워크로서 탐지, 디지털 단서추출, 그룹분류, 주체식별, 예측, 대응 등의 단계적 대응방안이 제시되기도 한다.50) 또한 대기업을 중심으로 하여 시작되고 있는, 기업 IT 인프라에 대한 보안 취약점 진단 데이터를 축적하여 기업 내부의 보안 위험요소를 사전예측하고, 정보보호의 투자대비 효과(ROSI: Security Return on Investment)를 효과적

---

48) 양종모, "농협전산망 장애사건의 형사법적 고찰," 법학연구(경상대), 제19권 제2호(2011년), 137, 143면 참조.
49) 윤종행, "영업비밀보호에 관한 형사법적 쟁점과 최근판례의 동향," 앞의 글, 116면 이하 참조.
50) 김완주, 박창욱, 이수진, 임재성, "사이버 방어작전 프레임워크 기반의 공격그룹 분류 및 공격예측 기법," 정보과학회논문지: 컴퓨팅의 실제 및 레터, 제20권 제6호(2014. 6), 318-327면.

으로 산정하는 인프라로서, 기업의 보안 취약점 진단 통합관리 체계가 제시되고 있다.51)

2. 해커의 단계적 분류

사이버 공격(cyber-attack) 또는 사이버 침입(cyber-intrusion)이란, 허락되지 않은 사용자가 무단히 컴퓨터 시스템을 통제하거나 데이터에 영향을 미치기 위한 노력이다. 이에는 소프트웨어 프로그램을 감염시켜 바이러스를 재생산케 하는 "바이러스(viruses)," 독립형의 프로그램으로서 자기복제력이 있는 "웜스(worms)," 특정한 시간이나 일정한 조건 하에서 활동할 수 있도록 의도적으로 제작된 악성 소프트웨어인 "로직 밤(logic bomb)," 여러 대의 공격자를 분산 배치하여 동시에 시스템이 더 이상 정상적 서비스를 제공할 수 없도록 만드는 "서비스 거부(Denial of Service: DDOS) 공격"등이 포함된다.52) 사이버 공격은 정부, 기업이 표적이 될 뿐만 아니라, 보통의 인터넷 이용자들도 악의적인 인터넷 활동에 의한 피해에 시달리고 있다.53)

---

51) 문호건, 박성철, "기업보안 강화를 위한 취약점 진단 통합관리체계 구축," 정보와 통신(한국통신학회), 제31권 제5호(2014), 39-45면 참조.
52) Nathan Alexander Sales, Regulating Cyber-security, 107 Nw. U. L. Rev. 1510, 1511 (2013).
53) Shane Huang, Proposing a Self-help Privilege for Victims of Cyber Attacks, id, at 1235.

해커를 단계적으로 분류할 수 있다. 우선 가장 기초적 단계가 오락적 성향의 해커로서 "디지털 조이 라이더(a Digital joy rider)"라고 하는 그룹이다. 그 다음 단계가 "핵티비스트(hacktivists)"로서 정치적인 의도를 관철시키기 위한 그룹이다. 이는 전형적으로 공식적인 조직을 갖지 않는 경향을 보이며, 예컨대 2010년에 고객이 위키 스(WikiLeaks)에 송금하는 것을 거부한 금융기관에 대하여 DDOS 공격을 가한 "Anonymous"와 같은 부류이다. 그 다음 단계가 조직범죄 연합체의 성격을 갖는 부류인데, 주로 경제적인 이득을 위하여 활동하는 정교한 기술력을 갖는 조직체로서, 국제적 테러리스트들도 여기에 속한다. 그리고 가장 높은 단계가 외국의 군대나 정보기구이다. 예컨대 구글사의 지메일 서비스가 중국의 스파이에 의하여 침투되었는데, 이는 달라이 라마(Dalai Lama)를 도청하기 위한 것이었다고 한다.[54]

3. 적정한 사이버 보안의 수준

최근 2009년부터 2011년까지 미국에서 조사한 한 연구결과에 의하면, 컴퓨터 보안 회사들은 사이버 공격에 대한 방어에 대하여 매우 낮은 정도의 지출을 하고 있다고 한다.[55] 사이버보

---

54) Nathan Alexander Sales, Regulating Cyber-security, id, at 1514, 1515.

안을 위하여 지출하는 비용을 고려할 때 사이버 공격의 가능성이 낮다고 판단되기 때문에, 경제적인 관점에서 지출을 꺼려하기 때문이라고 한다. 그리고 매우 적은 수의 컴퓨터 보안회사들이 네트워크상의 활동들에 대한 모니터링 시스템을 가지고 있다.[56] 또 다른 연구결과에 의하면, 어떤 회사들은 방어시스템이 매우 열악하기 때문에 사이버 공격을 받은 사실조차도 모르는 경우가 있다고 한다. 미국의 한 정보통신사 Verizon의 보고에 의하면, 그들이 조사한 사이버침입 중 75%가 피해자 외의 다른 사람들에 의하여 발견되었고, 피해자들의 66%가 시스템에 대한 침입이 발생한 사실 조차도 몰랐다고 한다.[57] 그리고 2011년 Ponemon Institute에 의한 연구 결과에 의하면, 조사대상 회사의 73%가 해킹을 당하였는데, 이들 회사 중에 88%는 회사의 웹시스템에 대한 보안을 위하여 지출한 것보다, 커피 값을 위하여 보다 많은 돈을 썼다고 한다.[58]

---

55) McAfee, In the Crossfire: Critical Infrastructure in the Age of Cyber War 14 (2009); Nathan Alexander Sales, Regulating Cyber-security, 107 Nw. U. L. Rev. 1511, 1512 (2013).
56) Nathan Alexander Sales, id, at 1512.
57) Greg Rattray et al., American Security in the Cyber Commons, in Contested Commons: The Future of American Power in a Multipolar World 155 (Abraham M. Denmark & James Mulvenon eds., 2010); Eric Talbot Jensen, Cyber Warfare and Precautions Against the Effects of Attacks, 88 Tex. L. Rev. 1536 (2010).
58) Joel Brenner, America the Vulnerable; Inside the New Threat Matrix of Digital Espionage, Crime, and Warfare 239 (2011); Nathan Alexander Sales, id, at 1512.

그런데 사이버상 침범의 적정한 수준이 제로가 아니며, 사이버 보안을 위한 지출이 무한대가 아니라는 주장이 있다. 경제적인 관점에서 공격을 효과적으로 막을 수 있는 수준을 도달하는 것이 목표이지, 모든 공격을 막는 것이 아니라는 것이다.[59] 왜냐하면 난공불락의 방어체계를 구축하는 것은 불가능하고, 사이버 공격에 드는 비용에 비하여 방어시스템을 갖추는 비용이 훨씬 크기 때문이다. 온라인 소매업체와 같은 보통의 회사들은, 스스로 오락성 해커들과 같은 통상의 침입자들로부터 회사 시스템을 적절히 보호할 수 있지만, 전력이나 가스공급 회사와 같은 사회적으로 중요한 공적 기업들의 경우는, 매우 노련하고 의도적인 외부적 침입으로부터 시스템을 안전하게 지키기가 더욱 어렵다고 한다.[60] 따라서 제한된 예산 하에서, 보다 중요한 산업으로서, 예컨대 국가안위나 공익과 밀접한 국가 기간산업 회사의 보안시스템을 위하여서는, 보다 첨단의 가공할 만한 공격에 대비하여 보다 많은 비용을 투입하고, 덜 중요한 산업의 회사에는 낮은 수준의 보안시스템을 구축하는 식의 경제적 전략이 요구된다고 이해할 수 있다.[61]

---

59) Christopher J. Coyne & Peter T. Leeson, Who's to protect Cyberspace? 1 J.L. Econ. & Pol'y 477, 478 (2005).
60) Nathan Alexander Sales, Regulating Cyber-security, id, at 1506, 1507.
61) Nathan Alexander Sales, id, at 1545, 1546.

4. 사이버산업스파이에 대한 효과적 대응방안

　이상에서 본 바와 같이, 인터넷을 이용한 사이버 산업스파이를 방지하기 위하여서는, 사이버공격을 탐지하고 조사하여 범죄자를 무겁게 처벌하는 것만이 다가 아니라, 행정적인 규율을 통하여 해킹으로부터 안전한 방어시스템을 구축하는 것이 무엇보다 중요하다.62) 유럽의 영국, 독일, 프랑스, 스페인, 그리고 이탈리아 등 5개국은, 증가하는 스마트폰 사용으로 인한 대표적인 보안 위험요인을 10가지로 분류하여, 이에 대한 대응방안을 제시하고 있다. 개인의 휴대폰에 PC 단말기로 융·복합화되어, 인터넷 서비스 기능을 제공하는 스마트폰의 대중화로 인하여 개인정보의 유출, 시스템 파괴, 사이버테러 공격 등의 수단으로 악용되고 있기 때문이다.63) 그리고 유럽을 중심으로 하는 "사이버범죄에 대한 유럽협약(Council of Europe's Treaty on Cybercrime)"에 미국 등 46개 나라들이 가입하여 산업스파이 등의 사이버범죄 등에 대하여 국제적으로 대처하고 있다.64)

　해커로부터 영업비밀을 보호하기 위한 방안으로서, 기본적으

---

62) 윤종행, "산업스파이에 관한 미국의 최근판례와 입법의 동향," 앞의 글, 493면.
63) 임상규, 이창길, 김종업, "스마트 시대의 보안위협-EU5의 대응과 시사점," 한국위기관리논집, 제7권 제4호(2011. 8), 144-147면 참조.
64) Lauren Eisenberg, Tiffany Ho, Rob Boyd, Computer Crimes, 50 Am. Crim. L. Rev. 727 (2013).

로는 악성코드를 탐지하기 위한 감시, 감독을 강화하고, 취약한 공격대상을 견고화하여 침입을 퇴치할 수 있도록 하여야 한다. 또한 공격시에도 작동할 수 있고 신속히 회복할 수 있는 복구시스템을 구축하고, 공격의 여파에 대한 대응을 하는 등의 대책이 요구된다.[65]

(1) 모니터링과 감시

효과적인 사이버 보안을 위하여서는 우선, 외부에서 컴퓨터 시스템에 침투할 수 있는 취약성에 관한 정보, 컴퓨터 파괴 소프트웨어(malware)에 대한 정보, 그리고 이에 대한 대응책에 대한 정보 등을 수집하고, 이를 공유할 수 있는 시스템을 구축하여, 모니터링과 감시체계를 갖추는 것이 요구된다.[66]

이를 위하여, 공적 회사가 사이버 공격으로부터 방어하기 위하여 지출한 보안비용을 정부가 보조하든가 보상하는 방안, 세제혜택 등의 인센티브 제공, 또는 그로 인한 법적 책임으로부터 면책하는 방안 등이 논의되고 있다. 뿐만 아니라, 국가 정보기관이 가상의 사이버공격에 대한 정보를 공적 회사에 제공하는 방안도 고려할 수 있다. 예컨대 미국의 국가 안보국(National Security Agency: NSA)은 현재 악성코드로 의심스런 파일들을

---

65) Nathan Alexander Sales, id, at 1508.
66) Nathan Alexander Sales, id, at 1546.

구글사라든가 은행들에게 제공하여, 그들 회사의 시스템에 대한 정교한 침입을 탐지하는데 도움을 주고 있는 것으로 알려지고 있다.67)

(2) 대상의 공고화(Hardening Targets)

다음으로는, 효과적인 컴퓨터 보안 프로토콜(컴퓨터 통신규약)을 개발함으로써 외부로부터의 공격에 대한 방어시스템을 강화할 것이 요구된다. 그런데 사이버 공격에 드는 비용에 비하여 방어시스템을 갖추는 비용이 훨씬 크기 때문에, 난공불락의 방어체계를 구축하는 것은 경제적으로도 불가능하다. 따라서 제한된 예산 하에서 보다 중요한 산업으로서 국가안위나 공익과 직결되는 국가 기간산업의 회사의 보안시스템을 위하여서는, 첨단의 가공할 만한 공격에 대비하여 보다 높은 수준의 보안시스템을 구축하는 경제적 전략이 필요하다고 볼 수 있다.68) 이를 위하여서 회사들이 최소기준을 갖추지 않으면 민·형사책임을 부과하는, 전통적인 명령·통제방식(command and control)의 직접적인 행정규제 방식을 고려할 수도 있을 것이다.69)

그런데 전통적인 명령·통제방식이 국가적 규모의 사이버 보

---

67) Nathan Alexander Sales, id, at 1519.
68) Nathan Alexander Sales, Id. at 1506, 1507, 1545, 1546.
69) Neal Kumar Katyal, Digital Architecture as Crime Control, 112 Yale L.J. 2284, 2286 (2003); Nathan Alexander Sales, id, at 1552-1554.

안체계를 감당하기에는 한계가 있으므로, 보안 협약을 만들고 보완하는 과정에 기업이 참여하는 방안이 논의되고 있다. 이러한 주장의 근거로서 우선, 정보의 불균형성을 들 수 있다. 대개는 행정기관보다 기업이 보안시스템의 취약성과 예상되는 공격의 유형, 그와 같은 위협에 대한 효과적인 대응책에 대하여 더 잘 알고 있다. 또한 행정기관은, 기업에 비하여 사회적으로 바람직한 적정한 보안수준을 판단하는데 필요한 지식이 부족한 것이 현실이다. 더욱이 빠른 속도의 기술변화는 행정기관이 오랫동안 사용될 수 있는 보안규정을 만드는데 어려움을 주게 된다. 행정기관이 규정을 만드는데 절차적으로 수십 개월 소요되는데, 막상 규정이 발효될 즈음에는 현실성이 없이 낡은 것이 되기 쉽다. 마지막으로 행정기관에 의하여 일방적으로 만들어진 규정은 기업의 혁신(innovation)을 억누르는 결과를 가져올 수 있는 위험이 있다. 강제적 조항에 의하여 규제하게 되면, 기업은 보다 효율적인 새로운 대응방안을 모색하기보다, 단지 행정기관의 요구수준에 맞추려할 것이기 때문이다.[70]

따라서 이와 같은 문제점을 해결하기 위하여, 행정기관은 요구되는 일정 수준의 보안시스템을 갖출 것을 표준화하여, 이에 미치지 못할 경우 이에 대한 불이익을 가하되, 이를 달성하기 위한 구체적인 방법은 기업에 맡기어 가장 효과적인 시행방식은

---

[70] Nathan Alexander Sales, id, at 1554, 1555.

기업이 결정할 수 있도록 하는 것이 바람직하다. 기업의 혁신을 방해하지 않고, 정보의 불균형 문제를 피하며, 급속도로 변화하는 과학기술에 유연하게 대처할 수 있기 때문이다. 또한 기업에 자율적인 보안 규정을 강제하는 방안도 바람직할 것이다. 행정기관의 간섭 하에 기업이 자율적으로 보안규정을 설정하여 시행하는 방식으로, 공동 협력적으로 보안시스템을 구축하여 운용하는 것이다.[71] 다만 이와 같은 행정기관과 기업 간의 공동협력적 규제방안의 단점으로서, 기업의 이익을 위하는 방향으로 의사결정이 이루어지는, 매수 위험성(the risk of capture)으로 인하여 공익에 반하는 결과를 낳을 수 있다는 지적이 있다.[72]

(3) 복원력(Survivability and Recovery)

아무리 견고한 보안시스템을 갖췄더라도 이를 뚫는 해커들이 있기 때문에, 부정한 침입을 방지하는 것보다도 불가피한 침입을 당하였을 경우 이로 인한 피해를 최소화하고 가능한 빨리 이전상태로 복구하는 것이 무엇보다 요구된다. 특히 사이버공격 중에도 작동될 수 있는 중요한 시스템을 확보하고 침입으로 인한 피해 후 곧 회복할 수 있도록 하여야 한다.[73]

---

71) Nathan Alexander Sales, id, at 1556.
72) Christopher J. Coyne & Peter T. Leeson, Who's to protect Cyberspace? 1 J.L. Econ. & Pol'y 489 (2005).
73) Nathan Alexander Sales, id, at 1561, 1563.

(4) 사이버 공격에 대한 반격

사이버 공격을 당하였을 경우, 공격자가 더 이상의 공격을 못하도록 공격자의 작동시스템을 정지시켜 폐쇄시킬 필요성이 있다. 이를 위하여 일시적으로 해커의 시스템에 과도한 접속을 하여 과부하가 걸리도록 한다든가, 해커의 시스템을 통제하고 이에 타격을 가하는 방법(hackbacks) 등도[74] 정당방위로서 허용될 수 있을 것이다.[75]

V. 결

이상에서 본 바와 같이 인터넷이 전 세계적으로 광범위하게 보급되고 있는 디지털 시대를 맞아, 컴퓨터를 이용한 영업비밀 침해행위는 개별 기업에 대한 피해만이 아니라 사회·경제적으로, 경우에 따라서는 국가 안보에 대한 항시적 위협이 되고 있다. 그런데 해킹을 당한 사실을 모르는 경우도 있고, 탐지하였더라도 공격자를 규명하기가 곤란할 뿐만 아니라 피해 기업들이 신고를 꺼려하는 경향으로 인하여 사이버 산업스파이에 대한 대

---

74) Sean M. Condron, Getting It Right: Protecting American Critical Infrastructure in Cyberspace, 20 Harv. J.L. & Tech. 410-411 (2007).
75) 윤종행, "해커로부터 영업비밀의 보호방안," 앞의 글, 286면.

응에 어려움이 있다. 따라서 단지 이를 탐지하여 행위자를 규명하고 엄중한 법적 제재를 가하는 것만이 아니라, 행정적인 규율을 통하여 효과적인 방어시스템을 구축하는 것이 무엇보다 중요하다고 볼 수 있다. 지금까지 주로 미국에서의 논의상황을 중심으로 살펴보았으나, 사이버 산업스파이에 대한 심각한 현실에 직면한 우리나라의 경우에도, 효과적인 법제도적·기술적 대응방안을 모색하여야 한다는 점에서 다를 바가 없다고 본다.[76]

따라서 우리나라에서도 개별 기업이 보안의 중요도에 따라 영업비밀에 대한 보안시스템 구축을 위하여 경제적인 투자를 하고, 시스템의 운영과 대응방안에 대한 매뉴얼을 준수토록 행정적인 규제와 법적 제재를 병행하는 것이 바람직하다. 또한 악성코드 등 해킹을 탐지하기 위한 모니터링과 감시를 강화하고, 취약한 공격대상을 견고화하며, 공격시에도 작동할 수 있고 신속히 회복할 수 있는 복원력을 갖춘 시스템을 확보하고, 공격의 여파에 대한 효과적인 대응을 할 수 있도록 하는 기술적·법제도적 장치가 필요할 것이다. 아울러 국가안위나 공익과 밀접한 국가 기간산업이 되는 기업의 보안시스템을 구축함에 있어서는, 보다 고강도의 공격에 대응할 수 있도록 통상의 기업에 비하여 보다 많은 투자를 하는 식의 경제적 전략이 요구된다.[77]

---

76) 윤종행, "해커로부터 영업비밀의 보호방안," 위의 글, 287면.
77) 윤종행, "해커로부터 영업비밀의 보호방안," 위의 글, 287면.

제6장 기업범죄 예방을 위한 준법감시인제도

I. 서설

 오늘날 영업비밀의 침해는 기업의 내부 구성원이나 전 직원과 관련된 경우가 많다. 기업의 전·현직 종업원이 경쟁사나 외국의 기업에 의하여 매수되어, 중요한 회사 비밀을 USB에 담아 넘기는 경우가 많다. 그런데 기업에 대한 규제와 감독이 점점 강화되고 있음에도 불구하고, 주주에 의한 소송과 회사의 이사 또는 종업원의 범죄에 대한 기업의 형사책임으로 인하여, 기업은 지속적인 위험에 직면하고 있다. 독일 등 유럽에서는, 전통적으로 "법인은 비난가능성이 없다"는 원리에 따라[1] 기업의 형사책임을 부정하고, 아직도 책임 있는 기업의 이사나 직원을 엄히 처벌하면서도, 기업 자체에 대하여는 행정적인 또는 민사적인 구제방법을 강구해 왔다.[2] 그러나 최근에는 프랑스를 비롯한 서

---

1) Sara Sun Beale & Adam G. Safwat, What Development in Western Europe Tell Us About American Critiques of Corporate Criminal Liability, 8 Buff. Crim. L. Rev. 89, 105 (2004).

유럽의 여러 나라들에서, 현대사회의 증가하는 기업범죄에 대처하기 위하여 조심스레 기업을 처벌하는 움직임을 보이고 있다.[3]

유럽과는 달리 미국에서는, 기업범죄와 관련하여 기업에 대한 민사법적·행정법적 규제와 더불어 특별히 형사책임을 부과해 왔다.[4] 20세기에 접어들면서 산업혁명과 거대한 기업의 등장으로, 기업의 부정행위를 규제하고 처벌할 수 있는 제도의 필요성으로 인하여, 기업의 형사책임을 인정하게 되었다.[5] 미국에서도 18세기까지만 해도, 형사사법제도 하에서 기업 자체가 도덕적 비난의 대상이 될 수 없을 뿐만 아니라, 기업 자체를 법정에 세울 수 없다는 근거에서, 기업을 형사소추 한다는 생각은 일반적으로 거부되어 왔었다. 19세기에 기업들이 번창하고 그들의 잠재적인 사회적 유해성이 심각하게 되자 점차 인식이 바뀌게 된 것이다.[6] 1909년 미연방대법원이, 법규를 위반한 기업에 대

---

2) Edward B. Diskant, Comparative Corporate Criminal Liability: Exploring the Uniquely American doctrine through Comparative Criminal Procedure, 118 Yale L. J. 129, 142 (2008).
3) 예컨대 미국의 유명 항공사인 Continental Airlines이 파리 근처에서 발생한 Concord supersonic airliner을 충돌한 사건과 관련하여, 프랑스 검사에 의하여 살인죄로 소추된 바 있다 {Sara Sun Beale, A Response to the Critics of Corporate Criminal Liability, 46 Am. Crim. L. Rev. 1503 (2009)} .
4) Edward B. Diskant, Comparative Corporate Criminal Liability: Exploring the Uniquely American doctrine through Comparative Criminal Procedure, id, at 129-130.
5) Parker, Jeffrey S. Parker, Doctrine for Destruction: The Case of Corporate Liability, 17 Managerial & Decision Econ. 386-387 (1996).
6) Edward B. Diskant, id, at 135.

하여 형사책임을 부여하는 내용의 Elkins 법에 대하여, 획기적으로 합헌판결을 내림으로써 기업의 형사책임이 인정되기 시작하였다.[7]

우리나라에서는, 1997년의 외환위기를 거친 다음 2000년 이후로, 은행법, 보험업법, 여신전문금융업법, 상호저축은행법, 자본시장과금융투자업에관한법 등의 특별법에서, 내부통제와 준법감시인제도의 시행을 강제하는 규정을 두어 시행하여 오다가, 2011년의 상법 개정으로 일정규모 이상의 상장회사에 준법지원인제도를 확대적용하여 시행해 오고 있다.

이하에서는, 회사 종업원에 의한 영업비밀 침해행위나 배임 등의 범죄행위를 방지하기 위하여 고안된, 오랜 역사를 갖는 미국의 준법감시인제도(Compliance program)에 대한 논의상황과 실태를 살펴본 다음, 우리나라에서의 시행상황과 바람직한 발전방향을 찾아보고자 한다.

---

[7] New York Central & Hudson River Railroad v. United States, 212 U.S. 481 (1909).

II. 미국에서의 기업범죄에 관한 대응

1. 총설

기업의 형사책임 문제는, 법리적으로 오랜 세월 동안 논란이 되어 왔다. 기본적으로, 기업 자체에 형사책임을 귀속시키는 것은 비효율적일 뿐만 아니라, 형법의 기본 원리에 반한다고 보아 왔기 때문이다. 영미의 보통법 전통에 의하면, 회사는 형체가 없는 단체로서 범죄를 저지를 수도 형벌을 부과할 수도 없으므로, 당연히 형사책임을 지울 수 없다는 사상이 지배하여 왔다.[8] 회사의 종업원에 의한 범죄는 회사의 권한부여 없이 이루어지는 별개의 행위라고 인식되었다.[9] 그러나 오늘날 미국에서는, 비록 형법이 기업 자체에 대하여 자연인에 대한 것과 같은 방식으로 똑 같이 적용될 수는 없지만, 회사의 감독을 받는 종업원이 의도적으로 법을 위반한 경우만이 아니라, 단지 법이 요구하는 바에 대하여 무관심하였기 때문에 비롯된 위반행위에 대하여도, 기업이 형사책임을 질 수 있다는 인식이 보편화되었다.[10] 미 연방법률에 의하면, 미국에 있는 기업이 종업원의 불법행위에 대

---

[8] New York Central R. Co.v. United States, 212 U.S. 481 (U.S. 1909).
[9] Insurance Consultants of America, Inc. v. Southeastern Ins. Group, Inc., 746 F. Supp. 390 (D.N.J. 1990).
[10] U.S. v. Singh, 518 F.3d 236 (4thCir.2008); United States v. Investment Enterprises, Inc., 10 F.3d 263 (5thCir.1993).

하여 다음과 같은 일정한 요건 하에서 형사책임을 질 수 있다. 첫째로 종업원의 행위가 고용관계와 관련성이 있는 범위 내에서 이루어진 것이고, 둘째로 기업의 영업을 도모하기 위하여 이루어진 것이며, 셋째로 기업에 의하여 승인되었거나 묵인된 경우에 해당할 때 등이다.[11]

그동안 축적된 미연방대법원 판례를 살펴보면, 최소한 최근 1세기 동안 미국의 기업들은 종업원의 범법행위에 대하여 대위적인 형사책임을 져 온 것으로 파악되고 있다.[12] 예외적으로 고용관계를 벗어난 범위에서, 사무원,[13] 트럭운전기사,[14] 또는 육체노동자와 같은 낮은 지위의 종업원이 범죄행위에 연루되었을 경우에는, 기업이 대위책임을 피할 수 있는 경우가 있긴 하지만, 법원은 고용관계의 범위를 매우 넓게 인정해 오고 있다. 따라서 기업이 대위형사책임을 피할 수 있는 가능성은 매우 제한적이었다. 더욱이 중간관리자 또는 하위의 관리자들에 의하여 범하여진 범죄가 실제로는 권한 범위 밖에서 이루어진 경우에도,[15] 기

---

11) United States v. Potter, 463 F.3d 9 (1stCir.2006); United States v. Jorgensen, 144 F.3d 550 (8thCir.1998); United States v. Elashi, 440 F.Supp 2d 536 (N.D. Tex. 2006).
12) New York Central R. Co. v. United States, 212 U.S. 481 (U.S. 1909).
13) Riss & Co. v. United States, 262 F.2d 245, 250 (8th Cir. 1958).
14) United States v. Harry L. Young & Sons, Inc., 464 F 2d 1295, 1297 (10th Cir. 1972).
15) 기업의 사용자가 종업원에게 그러한 행위를 하지 말 것을 지시하였던 경우에도 사용자의 책임을 인정한 경우로는 United States v. Hilton Hotels Corp., 476 F.2d 1000, 1007 (9th Cir. 1972), 고용관계의 범위를 벗

업의 책임을 인정하여 왔음을 알 수 있다.16)

오늘날 미국에서는 극단적일 경우 회사의 해산명령과 같은 심한 형벌이 부여될 수 있기 때문에, 종업원의 비행을 방지하기 위한 감시제도를 도입하고자 하는 강한 동기부여가 되고 있다고 한다. 더욱이 검사가 종업원뿐만 아니라 기업 자체를 기소할 것인지를 판단할 때, 기업이 효과적인 준법감시인제도를 운영하고 있는지를 고려하도록 되어 있다.17) 따라서 이제 미국의 기업들은 종업원이 비행을 저지르지 않도록 하기 위하여 다양한 제재와 내부통제 수단을 강구할 수밖에 없는 상황이고, 종업원의 비행이 발견되면 행위자를 교육훈련시키거나 당국에 보고할 수 있도록 하고 있다.18) 이하에서는 미국의 준법감시인제도에 관하여 간단한 이론적·연혁적 고찰을 하고, 오늘날의 운영실태를 살펴보고자 한다.

어나는 종업원의 행위에 대하여 사용자가 승인하여 채택하였을 경우의 기업의 책임을 인정한 경우로는 Cont'l Baking Co. v. United States, 281 F2d 137, 149 (6th Cir. 1960) 참조.
16) Barry J. Pollack, Time to Stop Living Vicariously: A Better Approach to Corporate Criminal Liability, 46 American Criminal Law Review, Fall, 1295 (2009).
17) Assaf Hamdani & Alon Klement, Corporate Crime and Deterrence, 61 Stan. L. Rev. 272 (2008).
18) Assaf Hamdani & Alon Klement, id, at 291.

2. 준법감시인제도(Compliance programs)

(1) 서

미국에서 준법감시인제도(Compliance programs)가 시작된 것은, 1970년대에 특별한 산업과 관련하여 기업의 윤리경영을 증진하고, 법규와 기업의 방침을 위반하는 것을 예방하고 또 탐지하기 위한 목적이었다.[19] 1984년의 미국 양형개혁법[20]과 단체조직에 대한 연방양형기준은 기업이 준법감시인제도를 시행할 것을 유도하고 있다.[21] 이러한 양형기준에 의하면, 벌금액은 책임요인에 피해자의 손실이나 피고인의 이득을 곱하여 정하여진다. 단체조직이 내부적인 위법행위를 예방하고 탐지할 수 있는 효과적인 프로그램을 운영하고 있었던 경우라든가, 기업이 위반행위에 대한 조치로서 예컨대, 자율보고, 수사에의 협조, 그리고 비행에 대한 책임인정을 할 경우에는 책임점수를 감하도록 되어 있다.[22]

---

[19] John D. Copeland, The Tyson Story: Building an Effective Ethics and Compliance Programs, 5 Drake J. Argic. L. 305, 313017 (2000).
[20] Sentencing Reform Act of 1984, Pub. L. No. 98-473, 98 Stat. 1987.
[21] United States Sentencing Commission, Sentencing Guidelines Manual, Ch. 8 (Nov. 1, 1991).
[22] Abigail H. Lipman, Corporate Criminal Liability, 46 Am. Crim. L. Rev. 370, 382 (2009).

(2) 이론적 배경

국가권력의 행사로 인하여 국민의 기본권이 부당히 제한되지 않도록 하기 위하여, 헌법이 견제와 균형의 원리를 도입하고 그 권한 행사를 엄격히 제한하는 것과 마찬가지로, 형법은 원래 국민의 생명, 자유, 재산권 등을 박탈할 수 있는 강제력을 갖는 것이므로, 국가 형벌권 행사가 안전하게 이루어지도록 제한하고 있다. 예컨대 미국 형법에 있어서, 주관적 요소로서 고의와 유사한 개념인 mens rea가 인정되기 위하여서는, 검사가 피고인이 비난받을만한 방식으로 행동하였다는 것을 입증하여야 하고, 소급적 형사처벌과 불명확한 형벌법규를 금지하고 있다. 또한 무죄추정의 원칙과 검사의 입증책임 원리, 증거법에서 합리적 의심(reasonable suspicion)의 원칙, 자기부죄거부의 특권(진술거부권)[23]과 비합리적 압수 수색의 금지, 변호인선임권과 변호인과 의뢰인간의 비밀보장의 특권,[24] 배심원 재판을 받을 권리, 그리고 대위형사책임의 금지 등도 이러한 취지의 제도들이다.[25]

그런데 살인, 강도, 강간, 폭행, 방화 등과 같은 전통적인 범죄의 경우에는, 가시적인 증거수집이 가능하고 행위의 성격상 고의가 입증될 수 있음에 반하여, 화이트칼러 범죄에서는 상황

---

23) the right against self-incrimination.
24) the attorney-client privilege.
25) John Hasnas, The Centenary of a Mistake: One Hundred Years of Corporate Criminal Liability, 46 American Criminal Law Review, Fall, 1349 (2009).

이 많이 다르다. 20세기 이후 미국에서는 수많은 무정형의 범죄와 미완성 범죄(inchoate crime: 예비음모, 미수 등)를 규정하게 되었다. 예컨대 자금세탁(money laundering) 금지법은 어떤 특정한 불법행위의 진행을 이용하는 것을 처벌하고,[26] 어떤 불법적인 목적을 이루기 위한 합의만으로도 음모죄가 성립할 수 있으며,[27] 연방수사를 방해하거나 이를 시도하는 것만으로도 사법방해죄로서 처벌될 수 있다.[28] 그러나 화이트칼러 범죄는 전형적으로 기망적 행위를 내포하고 있음에도 그 증거수집이 곤란하고, 비범죄행위와의 구별이 명확하지 않다는 특징을 갖고 있다. 그리고 기업범죄의 특성상 화이트칼러 범죄에서 요구되는 고의의 입증이 곤란하고, 누구에 의해 의사결정이 이루어졌는지를 다른 구성원들이 알기 어려울 뿐만 아니라, 누구에 의하여 승인되고 조치가 취해지는지를 알기 어렵다. 게다가 기업범죄의 증거물들은 대개는 기업의 회계장부 등의 기록과 종업원들의 증언인데, 종업원들이 자신이 소추될 것을 두려워하고, 자기부죄거부의 특권과 변호인과의 대화비밀보장특권으로 인하여, 검사는 더욱 증거수집에 곤란을 겪는다.[29]

---

[26] 18 U.S.C. §§ 1961-1963 (2006).
[27] 18 U.S.C. §371 (2006).
[28] 18 U.S.C.§§1503, 1505, 1510, 1512, 1519, 1520 (2006); United States v. Thomas, 916 F.2d 650 n.3 (11th Cir. 1990).
[29] John Hasnas, The Centenary of a Mistake: One Hundred Years of Corporate Criminal Liability, id, at 1350-1352.

또한 화이트칼러 범죄의 특징이 행위 자체로서는 불법성이 나타나지 않는 법정범이라는 점에서, 범죄가 악의로 행해지기보다는 형벌법규를 인식하지 못함으로 인하여 발생하는 경우가 대부분이기 때문에, 형벌의 응보적, 범죄예방적, 개선교화적 효과가 거의 없다고 한다.[30] 그럼에도 불구하고 그와 같은 기업범죄를 처벌하지 않으면 많은 기업범죄가 억지되지 않을 것이라는 점이다.[31] 1999년부터 미연방 법무부(DOJ)는 효과적인 법집행을 위하여, 기업을 소추할 것인지의 결정요소들 중의 하나로서 기업이 효과적인 Compliance Program을 갖추고 있는지와, 연방 수사당국에 적절히 협조해왔는지 여부를 고려하여 왔다.[32] 따라서 종업원이 고의 또는 과실로 범법행위를 할 가능성을 배제할 수 없는 기업으로서는, 형사소추를 피하기 위하여 이러한 요구에 응하지 않을 수 없다. 이제 기업의 형사책임은, 기업을 처벌하는 것이라기보다는, 기업에게 종업원의 형사소추에 협조할 것을 강제하는 의미라는 평가를 받게 되었다.[33]

---

30) John Hasnas, id, at 1353.
31) New York Central & Hudson River R.R. Co. v. United States, 212 U.S. 481, 495 (1909).
32) John Hasnas, id, at 1343면.
33) John Hasnas, id, at 1354면.

(3) 미국 준법감시인제도의 실태

미국에서 기업의 감독책임자에게 엄격한 지휘감독책임을 묻는 것은, 효과적인 준법감시인 제도를 마련하도록 하는데 강한 동기부여가 될 수 있다. 또한 요구되는 선관주의의무라든가, 지휘감독책임을 다했다든가, 적절한 감시제도(monitoring)를 시행하였다는 등을 근거로 하는, 책임면제의 혜택이 더 강한 동기부여가 된다고 평가되고 있다.[34] 미국은 1934년 증권거래법 제15조와 제20조 등에서 증권회사 또는 감독자에게 감독자책임을 인정하였고, 지배주주에 대해서도 책임을 부여하였다. 그럼에도 불구하고 회사의 내부직원들의 법위반행위는 감지하기 어렵고, 그로 인한 회사의 피해는 회사의 존폐문제로 이어질 수 있을 정도로 심각한 것이었다. 그리하여 회사의 내부통제 필요성이 제기되어 이사회의 감사위원회가 내부 회계통제를 담당하게 된 것이다. 그런데 미국에서 비록 Sarbanes-Oxley 법이 독립적인 내부통제에 관한 조사를 요구하고 있지만, 회사의 준법감시인제도의 시행을 법으로 강제하고 있지는 않다. 즉 미국에서의 준법감시인제도는 기업이 위험을 회피하기 위하여 자발적으로 도입하는 것으로서, 준법감시인은 경영진을 감독하는 기관이라기보다는,

---

34) Albert W. Alschuler, Two Ways to Think about the Kathleen M. Boozang & Simone Handler-Hutchinson, "Monitoring" Corporate Corruption: DOJ's Use of Deterred Punishment of Corporations, 46 American Criminal Law Review, Fall, 1380 (2009).

최고경영자와 이사회를 보좌하는 기능을 수행한다.35)

실제로 미국의 500대 기업들 중의 하나는, 지금까지 최소한 한 명 이상의 종업원이 직무수행 중 연방 형법을 위반한 것으로 알려져 있다. 미국에서의 기업범죄에 관한 법규는, 500대 기업들 중 한 기업이 소추되어 유죄판결을 받아 형사처벌을 받게끔 하는 것이라고도 말한다. 그런데 기업이 유죄판결을 받게 되면, 기업의 이미지와 명성에 손상을 받을 뿐만 아니라 요구되는 사업허가를 받지 못하게 되거나, 연방은행 가맹권, 의료보조나 의료보험의 혜택, 상장회사의 회계감사의 열람, 정부와의 계약 기회 등이 정지될 수 있다는 등의 불이익이 초래될 수 있다. 따라서 이러한 기업의 지휘감독자의 형사책임은, 사법부로 하여금 대부분의 기업을 퇴출시킬 수 있고, 경제의 마비를 초래할 수도 있는 권한을 부여하는 셈으로 읽힐 수 있다.36) 그러나 실제로 어떤 기업의 한 불량한 종업원이 범죄를 저질렀다는 이유만으로 기업을 퇴출시키고자 하는 검사는 없다고 한다. 그리고 기업의 변호인이 기업이 준법감시인제도를 두고 있었다는 이유로 선처를 호소할 경우, 검사는 범죄가 발생했다면 그 준법감시인제도가 효과적이지 않았음을 보이는 것이라고 반응할 수 있다는 것

---

35) 서완석, "내부통제와 준법감시인제도," 기업법연구, 제23권 제4호(통권 제39호)(2009), 307, 308면.
36) Albert W. Alschuler, Two Ways to Think about the Kathleen M. Boozang & Simone Handler-Hutchinson, "Monitoring" Corporate Corruption: DOJ's Use of Deterred Punishment of Corporations, id, at 1380, 1382.

이다.37)

요컨대 종업원의 비행을 예방하고 탐지할 수 있도록 고안된 효과적인 준법감시인제도를 기업이 갖추고 있다고 하더라도, 종업원의 행위에 대하여 기업이 대위적 형사책임을 질 수 있는 것이다. 그러므로 그러한 프로그램을 갖추고 있다는 사실만으로는 기업을 소추하거나 소추할 것이라는 위협으로부터의 안전막이 될 수는 없다. 다만 기업에 형사책임을 부과할 것인가를 결정하기 위한 실질적 고려 요소가 될 수 있고, 징벌적 금전배상액을 감액할 수 있는 근거가 되고 있다.38)

이하에서는 미국에서 효과적인 준법감시인제도를 정부가 고려할 것을 요구하고 있는 미연방 양형기준, 미연방 법무부의 법무 지침 등을 살펴보고자 한다.39)

1) 미연방 양형기준

약간의 예외가 있긴 하지만, 연방법원은 기업의 범죄에 대한

---

37) Albert W. Alschuler, id, at 1380, 1383-1386.
38) Barry J. Pollack, Time to Stop Living Vicariously: A Better Approach to Corporate Criminal Liability, id, at 396.
39) 그밖에도 미국 보안 및 교환 위원회 지침도 준법감시인제도를 고려하도록 되어 있는데, 담당 공무원이 어떠한 조치를 취할 것인지를 결정함에 있어서 부정행위를 조사하거나 방지수단을 보충하는 등의 보정적 후속조치 노력을 하고 있는지가 중요한 고려요소라고 기술하고 있다 {A disposition issued by the Securities and Exchange Commission("SEC")} . 이에 관한 자세한 사항은 Barry J. Pollack, id, at 1401, 1402. 참조.

형량을 산정할 때 아래와 같은 양형기준을 따르고 있다.40) 그런데 법무부에서 협상 과정에서 부과 가능한 형량을 제시하기 전에 법원과 상의하도록 되어 있기 때문에, 이러한 양형기준 조항들은, 다투어지는 사건에만이 아니라 유죄협상에 의한 합의의 경우, 소추유예 합의의 경우, 또는 불기소 합의의 경우 등 훨씬 많은 사건들에 영향을 주고 있다.41)

양형기준이 활용되어 고려되는 사항은, 기업이나 단체가 범행당시에 효과적인 준법감시인제도와 윤리 프로그램을 갖추고 있었음에도 불구하고 기업범죄가 발생하였는지 여부이다. 효과적인 프로그램을 갖고 있었던 경우에는 양형에서 감경의 혜택을 받게 된다. 범죄발생을 효과적으로 예방하고 탐지할 수 있는 준법감시인제도가 효과적으로 고안되어 유효하게 시행되어야 하는 것이다. 그밖에 기업에게는 다음과 같은 사항이 요구된다. 가) 범죄예방과 탐지를 위하여 필요한 상당한 주의의무를 다할 것. 나) 윤리적 행위와 적법한 직무수행을 격려하는 조직문화를 증진시킬 것. 그리고 미연방 양형기준은 최소한의 요건으로서 다음을 규정하고 있다.42)

① 범죄 예방과 탐지를 위한 기준과 절차의 확립

---

40) U.S. Sentencing Guideline Manual §8B2.1.(Effective Compliance and Ethics Program) (2018); United States v. Four Pillars Enter. Co., 253 Fed. Appx. 502, 505 (6th Cir. 2007).
41) Barry J. Pollack, id, at 1396.
42) Barry J. Pollack, id, at 1397-1398.

② 다음과 같은 사항을 포함하는 감독의 확립

(i) 이사회(the Board of Directors)와 같은 기업의 지배기구(Governing authority)가 준법감시인제도와 윤리프로그램의 내용과 작동에 관하여 숙지하고 있고, 합리적인 감독기능을 행사할 것.

(ii) 고위직원 중 최소한 한 명이, 전체적인 준법감시인제도와 윤리프로그램을 갖추고 효과적으로 작동할 수 있도록, 전체적인 책임을 담당할 것.

(iii) 특정인이, 준법감시인제도와 윤리프로그램이 효과적으로 작동하는지에 관하여 정기적으로 기업의 고위직원과 지배기구에게 보고하는 의무를 포함하여, 작동책임을 부여받고 있을 것. 이와 같은 책임과 관련하여 그 특정인은 적당한 수단과 적절한 권한, 그리고 직접 기업의 지배기구 또는 그 하위조직에 접근할 수 있어야 함.

③ 기업의 한 구성원이, 이미 알고 있거나 필요한 상당한 주의의무를 통하여 알아야만 하는, 불법행위나 준법감시인제도와 윤리프로그램에 위배되는 행위를 하였을 경우, 그 사람에게 업무에 관하여 실질적 권한을 부여하지 않도록 하기 위한 합리적인 노력을 기울일 것.

④ 기업조직의 표본적 기준과 절차조항, 그리고 준법감시인제도와 윤리프로그램 등을, 실질적인 방법으로 정기적으로 기업

의 지배기구의 구성원들, 고위직 인사, 실질적인 권한을 갖는 인사, 그리고 기업의 종업원들과 조직의 직원들에게 주지시키기 위한 합리적인 조치를 할 것. 이러한 조치는 개인의 역할과 책임에 상응하여 적당한 효과적인 교육연수프로그램이나 그에 관한 정보를 보급하는 방식으로 이루어질 것.

⑤ 범죄행위를 탐지하기 위한 모니터링제도, 감사제도와 더불어 조직의 준법감시인제도와 윤리프로그램이 확보되어야 함.

⑥ 조직의 준법감시인제도와 윤리프로그램이 효과적으로 작동하는지에 관하여 정기적으로 평가하여야 함.

⑦ 기업의 종업원이나 직원이, 보복의 두려움 없이 다른 사람의 범죄행위를 보고하거나 지도를 요청할 수 있도록, 익명성과 비밀성을 보장하는 체계를 포함하는 시스템을 확립하고, 공표하기 위한 합리적인 조치를 취하여야 함.

⑧ 범죄행위를 예방하거나 탐지하기 위한 합리적인 조치의 이행 여부에 따라 적절한 교육적 제재수단을 강구하고, 준법감시인제도를 시행하는지에 따라 적절한 인센티브를 제공하여, 조직 전체에 준법감시인제도와 윤리프로그램이 지속적으로 시행되고 개선될 수 있도록 함.

⑨ 탐지된 범죄행위에 적절히 대응함으로써, 더 이상 유사한 범죄행위가 발생하지 않도록 하기 위하여, 준법감시인제도와 윤리프로그램에서 필요한 수정을 하는 등의 합리적 조치를 하여야

함.

⑩ 조직은, 정기적으로 범죄행위의 위험성을 평가하여, 인지된 위험성을 줄이기 위하여 이상의 요건들을 기획하고, 보완하고, 그리고 수정하기 위한 적절한 조치를 하여야 함.[43]

그런데 무엇이 기업에서 필요로 하는 충분한 준법감시인제도와 윤리프로그램인지는, 적용되는 사업의 관행, 정부규제상의 요구되는 기준들, 조직의 규모, 그리고 조직의 과거 비행 등에 따라 달라지는 것으로 해석되고 있다.[44]

2) 미연방 법무부 법무지침

미연방 법무부(U.S. Department of Justice)의 법무지침(Justice Manual), "9-28.000 - 기업에 대한 형사소추에 관한 원칙(Principles of Federal Prosecution of Business Organization)" 중, "9-28.300 - 고려할 요소(Factors to be Considered)"에는 다음과 같은 사항을 담고 있다. 우선 일반원칙으로서, 기업의 구성원 개인의 범법행위와 관련하여 기업에 형사처분을 할 것인지를 결정하기 위한 요소로서, 증거의 충분성, 유죄판결의 가능성, 범죄 억지효과, 개선교화, 기타 유죄판결의 효과, 그리고 처벌하지

---

43) U.S. Sentencing Guideline Manual §8B2.1.(Effective Compliance and Ethics Program) (2018).
44) Barry J. Pollack, id, at 1397-1398.

않는 방안 등을 합리적으로 비교형량 하여야 한다고 명시하고 있다. 이어서 검사가 수사, 유죄협상, 그리고 기소 등에 관한 결정을 할 경우 고려하여야 할 요소로서, 불법의 성격과 심각성, 이전의 범법행위 이력 등 10 가지를 나열하고 있다. 그중 다섯 번째가, 기업 구성원의 범법행위 당시와 기소 당시, 적절하고 효과적인 준법감시인제도를 갖추고 있었는지 여부이다. 그리고 여섯 번째가, 기업이 범법행위를 자발적으로 시기적절하게 신고를 하였는지 이다. 그리고 일곱 번째가, 기업이 적절하고 효과적인 준법감시인제도를 보완하고 향상시키기 위한 사후조치를 취하였는지, 관리담당자를 교체하였는지, 범법행위자에게 면직 또는 징계처분을 하였는지, 그리고 손해배상을 하였는지 등이다.[45]

III. 우리나라에서의 기업범죄에 관한 대응

1. 서

미국의 준법감시인제도(Compliance program)가 한국에 도입된 것은, 1997년의 국가적 금융위기를 겪고 난 후, 2000년부터

---

[45] U.S. Department of Justice, Justice Manual, 9-28.000 - Principles of Federal Prosecution of Business Organization, 9-28.300 - Factors to be Considered (2018).

은행이나 증권회사 등의 금융회사에 도입하도록 법이 강제하게 되면서부터이다.46) 그러나 준법감시제도의 구체적 내용은 개별 회사에 맡겨져 있고 미국의 제도와 많은 차이점이 있다. 회사에서 준법감시인제도를 시행할 경우에는, 사업주의 선임감독상의 주의의무 위반 여부의 판단에서나 양형에서 유리한 참작사유로 고려되어야 한다는 주장도 제기되고 있다.47) 2007년 헌법재판소는, 종업원의 범죄행위에 대하여 사업주를 종업원의 선임 감독상의 과실 유무와 상관없이 처벌하도록 하는 규정은 위헌이라고 판시한 바 있다.48) 대법원도, 법인의 대표자나 법인 또는 개인의 대리인·사용인 기타 종업원이, 그 법인 또는 개인의 업무에 관하여 법률 위반행위를 한 때에는, 그 법인 또는 개인에 대하여도 벌금형을 과할 수 있는데, 이러한 양벌규정에 의하여 사용자인 법인 또는 개인을 처벌하는 것은, 형벌의 자기책임원칙에 비추어, 위반행위가 발생한 그 업무와 관련하여 사용자인 법인 또는 개인이 상당한 주의 또는 관리감독 의무를 게을리한 선

---

46) 보험업법 제17조, 은행법 제23조의 3, 증권거래법 제54조의 4, 상호저축은행법 제22조의 3, 종합금융회사에관한법률 제5조의 3등에서 처음으로 강제하는 규정을 두었고 그 이후 여신전문금융업법(2001년), 신용협동조합법(2003년), 농협협동조합법(2004년), 새마을금고법(2005년), 자본시장과 금융투자에관한법률(2007년) 등에 규정하게 되었다. 이천현, "기업범죄의 억제를 위한 최근의 정책동향과 과제," 형사정책, 제20권 제2호(2008), 29면 참조.
47) 이진국, "기업범죄의 예방수단으로서 준법감시인제도(Compliance)의 형법적 함의," 형사정책연구, 제21권 제1호(2010), 83-84면.
48) 헌법재판소 2007. 11. 29, 2005헌가10 전원재판부.

임감독상의 과실이 있는 때에 한하여야 한다고 해석하고 있다.49) 그리고 사용자인 법인 또는 개인이 상당한 주의 또는 관리감독 의무를 게을리한 선임감독상의 과실이 있는지 여부는, 당해 위반행위와 관련된 모든 사정, 즉 위 법률의 입법 취지, 처벌조항 위반으로 예상되는 입법취지 또는 법익 침해 정도, 그 위반행위에 관하여 양벌조항을 마련한 취지 등은 물론, 위반행위의 구체적인 모습과 그로 인하여 실제 야기된 피해 또는 결과의 정도, 법인 또는 개인의 영업 규모 및 행위자에 대한 감독가능성 또는 구체적인 지휘감독 관계, 법인 또는 개인이 위반행위 방지를 위하여 실제 행한 조치 등을, 전체적으로 종합하여 판단하여야 한다는 입장이다.50)

2. 내부통제제도와 상법상 준법지원인제도

1997년 외환위기 이후에 계속되는 회계부정 사건들과 회계투명성 확보의 문제가 대두되어, 2000년 은행법, 보험업법 등의 금융에 관한 법률에서 내부통제제도가 법으로 강제되게 되었다.

---

49) 대법원 2018. 8. 1. 선고 2015도10388 판결; 대법원 2010. 4. 29. 선고 2009도7017 판결; 대법원 2007. 11. 16. 선고 2005다3229 판결; 대법원 2006. 2. 24. 선고 2005도7673 판결; 대법원 1987. 11. 10. 선고 87도1213 판결 등.
50) 대법원 2010. 4. 29. 선고 2009도7017 판결.

그리고 은행법, 보험업법, 여신전문금융업법, 상호저축은행법, 자본시장과금융투자업에관한법 등에서, 내부통제와 준법감시인제도의 시행을 강제하는 규정을 두고 있었다.51) 그 이후 이와 같은 개별 특별법에서 규율하던 것을 삭제하고, 2011년의 상법 개정으로 통합하여 규정하였다. 소액주주 등의 권익을 보호하고 내부투명성을 제고함으로써 글로벌 경쟁력을 강화하기 위하여,52) 상법 제542조의13(준법통제기준 및 준법지원인)은, 금융기관만이 아니라 일정규모 이상의 주식회사에 대하여 준법지원인제도를 의무화하고 있다.53) 그리고 상법 시행령 제39조는, 여

---

51) 윤종행, "기업범죄 방지를 위한 우리나라와 미국의 준법감시인제도 비교," 법학연구(연세대), 제21권 제3호(2011), 399면.
52) 손영화, "준법지원인제도 활성화방안,"기업법연구, 제31권 제4호(2017), 273면.
53) 제542조의13(준법통제기준 및 준법지원인) ① 자산 규모 등을 고려하여 대통령령으로 정하는 상장회사는 법령을 준수하고 회사경영을 적정하게 하기 위하여 임직원이 그 직무를 수행할 때 따라야 할 준법통제에 관한 기준 및 절차(이하 "준법통제기준"이라 한다)를 마련하여야 한다. ② 제1항의 상장회사는 준법통제기준의 준수에 관한 업무를 담당하는 사람(이하 "준법지원인"이라 한다)을 1명 이상 두어야 한다. ③ 준법지원인은 준법통제기준의 준수여부를 점검하여 그 결과를 이사회에 보고하여야 한다. ④ 제1항의 상장회사는 준법지원인을 임면하려면 이사회 결의를 거쳐야 한다. ⑤ 준법지원인은 다음 각 호의 사람 중에서 임명하여야 한다. 1. 변호사 자격을 가진 사람 2. 「고등교육법」 제2조에 따른 학교에서 법률학을 가르치는 조교수 이상의 직에 5년 이상 근무한 사람 3. 그 밖에 법률적 지식과 경험이 풍부한 사람으로서 대통령령으로 정하는 사람 ⑥ 준법지원인의 임기는 3년으로 하고, 준법지원인은 상근으로 한다. ⑦ 준법지원인은 선량한 관리자의 주의로 그 직무를 수행하여야 한다. ⑧ 준법지원인은 재임 중뿐만 아니라 퇴임 후에도 직무상 알게 된 회사의 영업상 비밀을 누설하여서는 아니 된다. ⑨ 제1항의 상장회사는

기서 "상장회사란 최근 사업연도 말 현재의 자산총액이 5천억원 이상인 회사를 말한다"고 규정하고 있다.

2018년 12월 법무부와 한국상장회사협의회는 공동으로, 상장기업에서 운영 중인 준법지원인 제도가 활성화할 수 있도록 "상장회사 표준준법통제기준"을 개정해 시행한다고 밝혔는데, 그 주요 내용은 준법지원인 신분보장, 준법교육 내실화, 그리고 내부 통제절차 구축 등이다. 아울러 준법지원인이 업무수행과 관련해 이사회에 보고할 필요가 있는 경우, 대표이사에게 이사회 소집을 요청할 수 있는 근거조항을 신설하는 등 신고나 보고 절차를 마련했고, 임직원이 준법지원인의 위법행위나 준법통제기준 위반 사실을 발견하면, 이를 신고 또는 보고할 수 있는 절차수립도 의무화했다.54) 이와 같이 명칭은 준법지원인이지만,

---

준법지원인이 그 직무를 독립적으로 수행할 수 있도록 하여야 하고, 제1항의 상장회사의 임직원은 준법지원인이 그 직무를 수행할 때 자료나 정보의 제출을 요구하는 경우 이에 성실하게 응하여야 한다. ⑩ 제1항의 상장회사는 준법지원인이었던 사람에 대하여 그 직무수행과 관련된 사유로 부당한 인사상의 불이익을 주어서는 아니 된다. ⑪ 준법지원인에 관하여 다른 법률에 특별한 규정이 있는 경우를 제외하고는 이 법에서 정하는 바에 따른다. 다만, 다른 법률의 규정이 준법지원인의 임기를 제6항보다 단기로 정하고 있는 경우에는 제6항을 다른 법률에 우선하여 적용한다. ⑫ 그 밖의 준법통제기준 및 준법지원인에 관하여 필요한 사항은 대통령령으로 정한다.

54) 동 기준은 준법지원인 신분보장과 관련해 해임 사유를, 신체 또는 정신적 장애로 직무를 수행할 수 없는 경우, 직무와 관련해 부정행위를 저지르거나 법령이나 정관에 위반한 경우, 그리고 고의 또는 과실로 회사에 손실이 생기게 한 경우 등으로 구체화했다. 그리고 대표이사가 임기 중 준법지원인을 해임하는 경우엔 해임사유를 입증할 수 있는 충분한

미국의 준법감시인과 같은 기능을 한다고 볼 수 있다.

3. 평가

(1) 기업의 인식 전환과 인센티브 제도의 필요성

우리나라에서 법에 의하여 강제로 출범하게 된 우리나라의 기업의 내부통제제도와 준법지원인제도는, 선진화된 기업범죄 예방조치로서 환영받을 제도임이 분명하다. 그러나 아직 제대로 정착되어 제 기능을 다한다고 보기 어렵다. 우선 기업들의 인식이, 법에 의하여 강제된 제도로서 기업의 임직원들이 감시를 받게 되는 거추장스럽고 부담스런 제도로 보고 있다는 점이다. 일정 규모 이상의 대기업에서는 이미 법무실이나 회계감시인 제도를 운영하고 있기 때문이다.55) 미국에서는, 징벌적 손해배상이나 막대한 벌금형 등의 무거운 형벌을 피하기 위하여 필요한 것으로서, 기업 스스로 종업원의 범법행위를 사전에 예방하여야

증거를 제시해야 하고, 준법지원인에게는 해임에 관해 이사회에서 자신의 의견을 진술할 수 있는 기회를 부여하도록 하였다. 또한 준법지원인이 전 임직원 대상 매년 실시해야 할 교육도, 정기준법교육, 채용시 준법교육, 특별준법교육 등으로 구체화한 점이 특징이다(머니 투데이, 2018. 12. 20. 참고).
55) 이정숙, "미국 증권회사 컴플라이언스 프로그램의 이론적 배경과 특징," 증권법연구, 제5권 제1호(2004), 224면; 서완석, "내부통제와 준법감시인 제도," 앞의 글, 317면 참조.

한다고 인식하는 것과 차이가 있다.

더욱이 미국의 경우에는, 유죄협상 과정이나 양형에서 합리적이고 실효성 있는 준법감시인제도의 운영 여하가, 당국의 기업에 대한 형사책임결정에서 고려하도록 되어있기 때문에, 기업이 자발적으로 효과적인 준법감시인제도를 운영하는 것이 강한 동기부여가 되고 있지만, 우리나라의 경우에는 미국에서와 같은 법적 장치가 없으므로 현실적 필요성에 대한 인식이 부족한 실정이다.56) 따라서 효과적인 내부통제제도와 준법지원인제도를 합리적으로 운영하고 준수하고 있는 기업에게 법적 제재의 감면 혜택을 주는 방안이 바람직할 것이다. 기업의 효과적인 준법지원인제도 시행여부가, 현실적으로 행정적인 조치로서 세무조사의 강도 결정에서 고려될 수도 있을 것이다.57)

(2) 효과적인 직무수행을 위한 준법지원인의 독립성과 신분보장의 필요성

준법지원인제도가 효율적으로 기능하기 위하여서는 직무수행의 독립성과 신분보장이 이루어져야 하고, 충분하고 시기적절한 정보제공을 받아야 함에도 불구하고 아직 이러한 점에서 미

---

56) 윤종행, "기업범죄 방지를 위한 우리나라와 미국의 준법감시인제도 비교," 앞의 글, 402면.
57) 윤종행, "기업범죄 방지를 위한 우리나라와 미국의 준법감시인제도 비교," 앞의 글, 402면.

흡한 상황으로 평가되고 있다. 기업의 종업원이나 직원이 보복의 두려움 없이 다른 사람의 범죄행위를 보고하거나 지도를 요청할 수 있도록, 익명성과 비밀성을 보장하는 시스템을 확립하고, 합리적인 조치를 취하도록 제도화할 필요성이 있다.[58] 한편 준법지원인을 상위직과 하위직으로 구분하고, 상위직의 준법지원인의 최종 보고라인을 회사의 CEO로 할 수 있도록 하여야 한다는 주장도 제기되고 있다.[59] 그리고 준법지원인제도가 효과적으로 작동하는지에 관하여 정기적으로 기업의 감사위원회라든가 고위직원과 지배기구에게 보고하는 것을 의무화하는 것이 바람직할 것이다. 또한 이와 같은 직무를 위하여 준법지원인이 적당한 수단과 적절한 권한, 그리고 직접 기업의 지배기구 또는 그 하위조직에 접근할 수 있도록 하여야 할 것이다.[60]

(3) 교육훈련과 준법지원인제도의 보완조치의 필요성

기업의 임직원들에게 정기적인 준법지원인제도에 대한 교육을 실시하고, 신임직원연수프로그램에서 준법교육과 준법지원인제도에 대한 내실 있는 교육을 실시하는 것은, 기업 내에서의

---

58) 윤종행, "기업범죄 방지를 위한 우리나라와 미국의 준법감시인제도 비교," 위의 글, 402면.
59) 서완석, "내부통제와 준법감시제도," 앞의 글, 318면.
60) 윤종행, "기업범죄 방지를 위한 우리나라와 미국의 준법감시인제도 비교," 앞의 글, 403면.

범법행위의 예방에 크게 이바지할 것이다. 또한 준법지원인제도가 제대로 작동되지 않음이 발견되거나, 기업범죄가 발생한 경우에는, 이에 대한 철저한 분석을 통하여 준법지원인제도의 미비점과 문제점을 분석하여, 제도를 보완하려는 노력이 반드시 필요할 것이다. 보다 바람직한 것은, 기업이 예방적 차원에서 정기적으로 범죄행위의 위험성을 평가하여, 인지된 위험성을 줄이기 위하여 합리적이고 실효성 있는 준법지원인제도가 되기 위한 요건들을 기획하고, 보완하고 수정하기 위한 노력을 기울이도록 의무화할 필요가 있을 것이다. 그 밖의 사후적인 조치로서, 기업의 어떤 인지원이 범법행위나 준법지원인제도에 위배되는 행위를 하였을 경우, 그 범법행위자의 해고 또는 직무수행권한의 박탈 또는 제한, 교육훈련, 유책 경영관리인의 교체, 손해배상, 그리고 관련 정부 공무원에 대한 협조 등에 대하여도 제도화하는 것이 바람직할 것이다.61)

IV. 결

이상에서 본 바와 같이, 기업의 형사책임에 관한 오랜 논란

---

61) 윤종행, "기업범죄 방지를 위한 우리나라와 미국의 준법감시인제도 비교," 위의 글, 403, 404면.

에도 불구하고, 오늘날 미국을 비롯한 선진화된 산업국가에서는, 회사의 종업원이 법을 위반하였을 경우 기업이 형사책임을 질 수 있다는 인식이 보편화되었다. 그런데 기업범죄의 특성이 증거수집과 입증이 곤란하다는 점으로 인하여, 사후적인 형벌의 부과보다도 사전 예방적인 내부통제제도의 중요성이 강조되고 있다. 위에서 소개한 미연방 양형기준과 미연방 법무부의 법무지침에서 본 바와 같이, 기업범죄에 대하여 기소여부와 양형의 판단 요소로서, 기업이 효과적인 준법감시인제도를 운영하고 있는지를 고려하여야 한다. 따라서 기업들은 막대한 재산상 피해와 형사소추를 피하기 위하여, 종업원이 비행을 저지르지 않도록 하기 위한 다양한 제재와 내부통제 수단을 강구하고 있다. 물론 미국에서 준법감시인제도에 대한 평가에 있어서, 충분히 효과를 내지 못하고 있다거나 과연 공정하고 적정한 법집행인가에 대하여 비판적 의견도 있지만, 준법감시인제도는 오랜 세월을 거쳐 확립된 제도로서 지지기반이 확고하다고 볼 수 있다.[62]

우리나라에서는 1997년 외환위기 이후에 계속되는 회계부정 사건들과 회계투명성 확보의 문제가 대두되어 2000년 은행법, 보험업법 등의 금융에 관한 법률에서 미국의 준법감시인제도(Compliance program)를 모델로 하는 내부통제제도가 법으로 강제되게 되었고, 은행법, 보험업법, 여신전문금융업법, 상호저축

---

[62] 윤종행, "기업범죄 방지를 위한 우리나라와 미국의 준법감시인제도 비교," 위의 글, 404면.

은행법, 자본시장과금융투자업에관한법 등에서 내부통제와 준법지원인제도의 시행을 강제하는 규정을 두었다. 그리고 2011년의 상법개정으로, 자산총액 5천억 이상의 상장회사는 준법지원인제도를 시행하도록 의무화하였다. 그러나 준법지원인제도의 구체적 내용은 개별회사에 맡겨져 있고, 미국의 제도와 많은 차이점이 있을 뿐만 아니라, 아직 우리나라에 제대로 정착되어 제 기능을 다한다고 보기 어렵다. 따라서 현재 시행되고 있는 준법지원인제도의 미비점들을 보완하여, 기업범죄예방을 위한 합리적인 제도로 정착할 수 있도록 하여야 할 것이다.[63]

우선 우리나라의 경우에는, 미국에서와 같이 유죄협상 과정이나 양형에서, 합리적이고 실효성 있는 준법지원인제도의 운영 여하가 당국의 기업에 대한 형사책임결정에서 고려하는 법적 장치가 없으므로, 준법지원인제도의 현실적 필요성에 대한 인식이 부족한 실정이다. 그리고 준법지원인제도가 효율적으로 기능하기 위하여서는, 직무수행의 독립성과 신분보장이 이루어져야 하고, 충분하고 시기적절한 정보제공을 받을 수 있어야 하므로, 이를 보완하고 준법지원인과 감사제도와의 업무분담을 명확하게 할 필요성이 있다.[64]

---

63) 윤종행, "기업범죄 방지를 위한 우리나라와 미국의 준법감시인제도 비교," 위의 글, 405면.
64) 윤종행, "기업범죄 방지를 위한 우리나라와 미국의 준법감시인제도 비교," 위의 글, 405면.

또한 기업의 종업원이 보복의 두려움 없이 다른 사람의 범죄행위를 보고할 수 있도록 익명성과 비밀성을 보장하는 시스템을 확립하고, 준법지원인제도가 효과적으로 작동하는지에 관하여 정기적으로 기업의 감사위원회라든가 기업의 상부에 보고하는 것을 의무화하는 것이 바람직할 것이다. 또한 준법교육과 준법지원인제도에 대한 효과적인 교육을 실시하는 것은 기업범죄 예방에 크게 이바지할 것이다. 아울러 준법지원인제도가 제대로 작동되지 않음이 발견되거나 기업범죄가 발생한 경우에는, 이에 대한 철저한 분석을 통하여 준법지원인제도의 미비점과 문제점을 분석하여 제도를 보완하려는 노력이 반드시 필요할 것이다. 뿐만 아니라 사후적인 조치로서, 당해 범법행위자의 징계, 교육훈련, 손해배상, 그리고 관련 정부 공무원에 대한 협조 등에 대하여도 제도화하는 것이 바람직할 것이다.[65]

---

65) 윤종행, "기업범죄 방지를 위한 우리나라와 미국의 준법감시인제도 비교," 위의 글, 405면.

저자 윤종행 (Jonghaeng Yoon)

[학력]

연세대학교 법학사
연세대학교 법학석사
코넬대학교 로스쿨 LL.M.
연세대학교 법학박사

[주요경력]

충남대 법학전문대학원 교수
코넬대학교 로스쿨 방문학자
연세대 법학연구원 전문연구원
한국형사법학회 이사
한국비교형사법학회 이사
한국형사정책학회 이사
사법시험 출제위원
입법고시 출제위원
변호사시험 출제위원
세종특별자치시 소청심사위원
국가인권위원회 면접위원
대전지방검찰청 형사상고심의위원회 위원장
대전고등검찰청 검찰시민위원회 위원
대검찰청 검찰수사심의위원회 위원

[논문 및 저서]

윤종행, "성범죄 가해자와 피해자의 성관계 이력 등의 증거능력-우리나라에서 미국 증거법 규정(rape shield laws 등)의 도입 검토-," 법학연구(인하대), 제21집 제4호, 2018. 12.

_____, "변호사와 의뢰인간의 대화내용에 대한 증언거부권 -미국에서의 논의를 중심으로-," 법학논총 (국민대), 제31권 제2호, 2018. 10.

_____, "가족간 증언거부의 특권," 홍익법학, 제19권 제3호, 2018. 9.

_____, "미국증거법 제3자 유죄증거(Third Party Guilt Evidence: SODDI 항변)와 직결성 원칙(Direct Connection Doctrine)," 법학연구(연세대), 제27권 제4호, 2017. 12.

_____, "산업스파이 대응방안에 관한 비교법적 고찰," 법학논총(단국대), 제41권 제1호, 2017. 4.

_____, "위법수집증거배제법칙에 관한 미연방대법원 판례의 최근 동향," 법학논총(한양대), 제34집 제1호, 2017. 3.

_____, "우리나라에서 유죄협상제도의 현실적 도입방안," 법학연구(전북대), 제51집, 2017. 2.

_____, "최근 미국의 산업스파이에 대한 법적 대응방안," 법학연구(충남대), 제27권 제3호, 2016. 12.

_____, "해커로부터 영업비밀의 보호방안," 법학논총 (조선대), 제22권, 2015. 4.

_____, "산업스파이에 관한 미국의 최근판례와 입법의 동향," 강원법학, 제44권, 2015. 2.

_____, "영업비밀보호에 관한 형사법적 쟁점과 최근판례의 동향," 법학논집(이화여대), 제19권 제1호, 2014. 9.

_____, "변호사와 의뢰인간의 의사교환 내용과 증언거부의 특권," 홍

익법학, 제14권 제2호, 2013. 6.

_____, "사인이 촬영한 영상녹화물의 증거능력에 관한 판례의 동향과 문제점," 단국법학, 제37권 제2호, 2013. 6.

_____, "아동·청소년대상 성폭력범죄에 대한 대책과 선한 사마리아인 법의 도입," 동아법학, 제59호, 2013. 5.

_____, "의료과실범죄에 관한 쟁점과 최근 판례의 동향," 법학연구(충남대), 제23권 제2호, 2012. 12.

_____, "파업과 부작위에 의한 위력업무방해죄," 비교형사법연구, 제13권 2호, 2011. 12.

_____, "기업범죄 방지를 위한 우리나라와 미국의 준법감시인제도 비교," 법학연구(연세대), 제21권 제3호, 2011. 9.

_____, "무영장 자동차수색에 관한 미연방대법원 판례의 최근동향과 시사점," 법학연구(부산대), 제52권 제1호, 2011. 2.

_____, "Superior Order and Criminal Liability in International Criminal Law," 법학연구(연세대), 제20권 제3호, 2010. 9.

_____, "과실범에서의 주의의무위반과 객관적 예견가능성, 회피가능성," 법학연구(연세대), 제18권 제3호, 2008. 9.

_____, "자구행위에 관한 판례의 동향과 입법론," 법학연구(충남대), 제19권 제1호, 2008. 6.

_____, "알기 쉬운 형사법 용어 순화안 제시," 법학연구(연세대), 제18권 제1호, 2008. 3.

_____, "적법절차를 따르지 아니하고 수집한 압수물의 증거능력," 형사법연구, 제19권 제4호, 2007. 12.

_____, "피무고자의 승낙과 무고죄의 성부," 비교형사법연구, 제8권 제1호, 2006. 7.

_____, "사이버명예훼손죄에 있어서 비방의 목적과 공익관련성," 형사정책, 제18권 제1호, 2006. 6.

_____, "형사처벌의 대상이 되는 신뢰위반의 유형과 범위," 신뢰연구(한림대), 제16권, 2006. 11.

_____, "공판단계에서의 피해자 보호방안," 비교형사법연구, 제7권 제2호, 2005. 12.

_____, "작위와 부작위의 구별," 연세법학연구, 제11권 제1호, 2005. 2.

_____, "업무방해죄의 입법론적 검토," 형사법연구, 제22권, 2004. 12.

_____, "공소장변경에 있어서 공소시효완성의 판단기준," 중앙법학, 제6권 제4호, 2004. 12.

_____, "부작위범의 입법방향 소고," 비교형사법연구, 제5권 제2호, 2003. 12.

_____, "인권과 형법," 법학연구(연세대), 제13권 제4호, 2003. 12.

_____, "부작위의 인과성," 법학연구(연세대), 제13권 제3호, 2003. 9.

_____, "안락사와 입법정책," 비교형사법연구, 제5권 제1호, 2003. 7.

_____, "사형제도와 인간의 존엄성," 법학연구(연세대), 제13권 제2호, 2003. 6.

_____, "낙태방지를 위한 입법론," 법학연구(연세대), 제13권 제1호, 2003. 3.

_____, "부작위범에 있어서 기대가능성의 체계적 지위," 형사법연구, 제18권, 2002. 12.

_____, "범죄의 원인, 범죄인식과 과오인정," 연세법학연구, 제9권 제1호, 2002. 8.

_____, "작위와 부작위의 동가치성," 법학연구(연세대), 제12권 제2호, 2002. 6.

_____, "기업형법에 있어서 위험증대이론의 적용," 법학연구(연세대), 제12권 제1호, 2002. 3.

_____, "증거인멸죄에서의 주요 쟁점," 연세법학연구, 제8권 제2호,

2002. 2.

_____, "정당방위상황으로서의 현재의 부당한 침해," 연세법학연구, 제7권 제1호, 2000. 6.

_____, "부진정부작위범의 구성요건에 관한 연구," 박사학위논문(연세대), 2002. 8.

_____, "오상방위론," 석사학위논문(연세대), 1999. 8.

8인 공저, 생명인권보호를 위한 법정책, 삼우사, 2004.

산업스파이로부터 영업비밀의 보호
(Protection of Trade Secrets against Economic Espionage)

지은이 / 윤 종 행	인쇄 / 2019. 2. 7
펴낸이 / 조 형 근	발행 / 2019. 2. 13
펴낸곳 / 도서출판 동방문화사	
표지디자인 / Jacob Yoon	

주 소 / 서울시 서초구 방배로 16길 13. 지층
전 화 / 02)3473-7294   팩 스 / (02)587-7294
메 일 / 34737294@hanmail.net   등 록 / 서울 제22-1433호

저자와의
합의,
인지생략

파본은 바꿔 드립니다.   본서의 무단복제행위를 금합니다.
정 가 / 20,000원   ISBN 979-11-86456-85-9 93360